中华先贤人物故事汇

周敦颐

谭伟雄 著

中华书局

图书在版编目（CIP）数据

周敦颐/谭伟雄著. —北京：中华书局，2020.9
（中华先贤人物故事汇）
ISBN 978-7-101-14407-9

Ⅰ.周…　Ⅱ.谭…　Ⅲ.周敦颐（1017~1073）-生平事迹
Ⅳ.B244.2

中国版本图书馆 CIP 数据核字（2020）第 028139 号

书　　名	周敦颐
著　　者	谭伟雄
丛 书 名	中华先贤人物故事汇
责任编辑	焦雅君　董邦冠
出版发行	中华书局
	（北京市丰台区太平桥西里 38 号　100073）
	http://www.zhbc.com.cn
	E-mail:zhbc@zhbc.com.cn
印　　刷	北京瑞古冠中印刷厂
版　　次	2020 年 9 月北京第 1 版
	2020 年 9 月北京第 1 次印刷
规　　格	开本/787×1092 毫米　1/32
	印张 4¾　插页 2　字数 50 千字
印　　数	1-10000 册
国际书号	ISBN 978-7-101-14407-9
定　　价	20.00 元

出 版 说 明

孔子周游列国，创立儒家学说；张骞出使西域，开辟丝绸之路；书圣王羲之，留下了曲水流觞的佳话；诗仙李白，写下了"举头望明月，低头思故乡"的名篇；王安石为纠正时弊，推行变法；李时珍广集博采，躬亲实践，编撰医药学名著《本草纲目》……

这些杰出的历史人物，有的是在中华民族文明进程中做出过突出贡献、对后世产生过巨大影响的思想家、政治家，有的是对中华优秀传统文化的传承传播发挥过重大作用的文学家、艺术家、科学家，有的是为国家安定统一、民族融合团结和中外文化交流做出过杰出贡献的军事家、外交家……他们为中华民族的繁荣发展做出了伟大的贡献，他们的行为事迹、风范品格为当世楷模，并垂范后世。

他们是中华民族的先贤人物。他们的思想、品德、事迹，是中华优秀传统文化的结晶。他们的故事，是对中华民族的禀赋、特点和气质最生动、最鲜活的阐释。他们的名字，在五千年中华文明史上最为光彩夺目。他们为五千年中华文明史书写了最为光辉灿烂的篇章。

为了解先贤，走近先贤，我们精心组织编写了这套《中华先贤人物故事汇》丛书。以详实可靠的史料为依据，以细腻动人的故事为载体，真实地呈现中华先贤人物的事迹、品格和精神风貌，彰显他们的贡献和功绩，以激发人们对国家民族的热爱，对中华文明、中华优秀传统文化的崇敬。

开卷有益，期待这套丛书成为你的良师益友。

目 录

导 读

　　周敦颐，原名周敦实，字茂叔，谥号元公，世称濂溪先生。北宋真宗天禧元年（1017）出生于道州（今湖南道县）营道楼田村一个书香仕宦之家。十五岁那年，周敦颐的父亲周辅成去世，他的舅舅龙图阁直学士郑向派人将他和母亲接到开封。

　　在郑向的指导下，周敦颐苦学经史，学问突飞猛进，深得郑向器重。按朝廷惯例，郑向获得一次封荫子侄的机会，他没有将这个机会给自己的亲生儿子，而是给了二十岁的周敦颐。朝廷录用周敦颐为试用将作监主簿。郑向病逝于杭州知府任上不久，周敦颐的母亲郑氏也去世了，周敦颐葬母于丹徒，在鹤林寺守丧三年。这期间，周敦颐边守丧，边苦读，期间与范仲淹、王安石、胡文恭等人有所交往。守丧期满后，正式开始了他的地方仕宦生涯。

周敦颐二十五岁时任分宁主簿。庆历四年（1044）调南安军任司理参军，收程颢（hào）、程颐两兄弟为弟子。因其执法严谨、刚直不阿，在地方留下了很高的官声。嘉祐五年（1060），周敦颐进京，获国子监博士头衔。在京期间，他遇见王安石，两人相谈甚欢，连语日夜。此外，他还见到了进士及第的弟子傅耆，授以为官之道。嘉祐六年（1061），周敦颐以国子监博士通判虔州，与时任虔州太守的赵抃成为知己。随后周敦颐在永州任通判两年，他还在邵州当过代理知州。由于赵抃和吕公著的推荐，他升任广南东路转运判官，主理转输漕运事宜。熙宁三年（1070），周敦颐以虞部郎中任广南东路提点刑狱，为正三品，这是他仕途的顶峰。熙宁五年（1072），五十六岁的周敦颐归隐九江，定居于庐山之麓的濂溪书堂，度过了他生命中最后的时光。熙宁六年（1073）六月七日，周敦颐病逝于九江，享年五十七岁。

周敦颐为官三十一年，清正廉明，深得民望。周敦颐的一生，无论是为人、为官，还是为文，总是用自己的高尚行为践行着自己的思想，并使两者达成了高度统一，成为后人竞相仿效的典范。

在哲学思想领域，周敦颐上承孔孟，下启程朱。他吸收佛、道思想并形成自己的理学体系，宣扬其"无极而太极"的宇宙论和主静、顺理、诚心、无欲的人生观。他一生留下的文字不多，诗文加起来也不过六千余言。他最为重要的作品有《太极图说》《通书》，以及流传千古的名篇《拙赋》《爱莲说》等，后经朱熹阐发，构成庞大的思想体系，影响极为深远。这也奠定了周敦颐作为湖湘文化的源流宗师、中华理学开山鼻祖的地位，他被后世尊称为周子。

道州神童

　　周家是有名的书香门第，位于豸（zhài）岭（又名道山）之西，左傍龙山，屋前屋后皆有山石环绕。每天清晨，周敦实都能听到有节奏的捣衣声和濂溪潺潺的流水声。

　　自从周敦实的父亲周辅成到桂岭任县令之后，他的母亲郑氏就成了楼田村最忙碌的女人。周敦实有两个哥哥，一个是同母异父的哥哥卢敦文，为郑氏和卢郎中所生，比周敦实大十岁。卢郎中去世后，郑氏成为周辅成的继室，带着卢敦文来到了周家；另一个是同父异母的哥哥周砺，为周辅成和原配唐氏所生，也比他大十岁。周敦实还有一个同父异母的姐姐周季淳，乃唐氏所生，比他大五岁。只有小他四岁的弟弟周敦贲（bēn）与周敦实同父同母。五个孩子的大事小情全靠郑氏操持。郑氏每天除了做家务之外，还要负责监管他们的学业。

一天，周敦实要去学堂拜师。郑氏早已为周敦实缝制了新衣，还准备好了上学用的物品，然后让卢敦文带着周敦实去。

卢敦文和周敦实刚出门，就碰到他们的叔父从对面走过来。

叔父见周敦实穿着新衣，才想到今天是他去学堂拜见先生的日子，就故意逗他："听说学堂里的先生很严，若是学童不能回答先生提出的问题，先生是不会收的。"

卢敦文知道叔父是故意逗周敦实的，他也不作声，看周敦实如何应对。

周敦实对叔父的话信以为真，一时站在那里有点不知所措。

叔父接着又道："不过，只要你能回答出叔父的问题，先生还是会收的。"

周敦实眨了眨水汪汪的大眼睛："当真？"

"当然当真"，叔父微微一笑，然后用手指着散布在周家屋后的五个石墩问道："你数数看，然后告诉叔父这五个石墩叫什么名字。"

　　叔父问完，先看了一眼卢敦文，然后盯着周敦实。卢敦文没想到叔父会问一个如此古怪的问题。心想，连他这个当哥哥的都不知道如何回答，更何况只有五岁的周敦实。

　　卢敦文正想要叔父换一个简单一点的，结果被叔父用手势制止了。

　　周敦实想到父亲曾教他读《周易》，五个石磴正好对应五行，于是点着石墩一一答道："水、火、金、木、土。"

　　周敦实的回答令叔父大吃一惊，他没想到周敦实小小年纪就能有如此见识和反应，高兴得一把将周敦实举过头顶，然后再架在肩上："走，叔父带你去学堂见先生。"

　　学堂就设在周氏祠堂，离周家很近，过了富桥，步行不过百余步。三人一起来到学堂门口时，学堂的先生正在逐个登记。轮到周敦实时，先生见周敦实长得天庭饱满，大眼睛，高鼻梁，

周敦实想到父亲曾教他读《周易》，五个石礅正好对应五行，于是点着石墩一一答道："水、火、金、木、土。"

品貌非凡，心里顿生几分好感。

"叫什么名字？"先生问周敦实。

"周敦实，字茂叔。"周敦实看着学堂的先生，一字一顿答道。

"生于何年何月何日？"先生又问。

"生于真宗天禧元年五月初五。"周敦实脱口而出。

先生看了看周敦实，停下手中的笔。周敦实的叔父见先生有点犹豫，估计是先生嫌他年纪太小，不打算收他。情急之下赶紧道："先生，别看他只有五岁，他的能耐可不小。"叔父忍不住将刚才发生的事绘声绘色地告诉了先生，先生和在场的人听了都觉得不可思议。学堂的先生又问了周敦实几个问题，见周敦实都对答如流，便欣然收下了他。这件事很快就在楼田村传开了。楼田村属道州营道，因垒木造田而得名。在周家没迁来之前，这里的人世代为农，很少出什么读书人。自从周敦实辨五星墩之后，楼田村人都认为周家出了一个神童。

周敦实在自己的学业上非常自觉，从不让母

亲操心，因之前受到父亲的启蒙，他的学业自然远胜同龄人。时间一长，先生认为周敦实不仅在学问和才思上有过人之处，而且人品高洁，为人处事又朴实敦厚，日后定成大器。

周敦实的舅舅郑向在尚未迁往开封祖居之前，一直居住在衡州（今湖南衡阳）西湖北岸的凤凰山，五个孩子每年都要随父母到舅舅家小住。郑向以龙图阁直学士致仕，精通《周易》，长于史学，对郑家子弟和自己的学生甚是严格。周敦实每次来到郑家，郑向都会悉心教导。

郑家在宅门口的池塘里种有一种叫"祁阳白"的白莲，池塘边建有读书亭和讲易台。每逢夏秋之交，读书亭前白莲盛开，讲易台上清香萦绕。在这样的环境里读书听讲，成了周敦实少年时代最美好的记忆。

有一天，郑向召集众子弟和学生聚集于讲易台，在讲完当天的课程后问道："尔等可知，人生在世何为福贵？"

众人中有答高官厚禄的，有答锦衣玉食的。郑向听了不停地摇头。他见周敦实坐在那里一声不吭像是在沉思，就缓步走到他跟前："茂叔，你来说说。"

周敦实这才不慌不忙地站起来，答道："君子当以道德充实为贵，身心安宁为福。"

周敦实的回答出乎所有人的意料，郑向听了也是一惊，问："为何？"

周敦实不慌不忙答道："道德充实，则心胸坦荡。身心安宁，则无所欲求。什么高官厚禄、锦衣玉食，也就不值一提了。"

郑向一边点头，一边缓缓走下讲易台，对众人高声道："为学之道，在于明理修心，尔等当学周茂叔。"

周敦实十二岁那年，婚后不过一年的姐姐周季淳突然罹患急症而亡。周敦实从小就和姐姐亲近，两人经常在一起读书、玩耍。姐姐对周敦实这个弟弟一直关爱有加。花一样的姐姐，还没来得及展露她最美的颜色就这样枯萎了，这让周敦实第一次对人的死亡产生了强烈的恐惧感。

厄运并没有就此放过周家。

周季淳死后的第三个月，周敦实九岁的弟弟

周敦贲也死于急性肺炎。两个鲜活的生命相继逝去，对周家而言是个严重的打击。周辅成终因悲痛过度身体每况愈下，郑氏也整日以泪洗面。

周敦实不想让自己的悲痛再被家人看见，以免家人更加悲痛，他只有埋首于典籍。一部《论语》曾伴他度过不知多少个漫漫长夜。

这天，周敦实又翻到《论语》中的《颜渊》篇。

司马牛问孔子，怎样做一个君子？孔子回答说，君子不忧愁，不恐惧。司马牛向子夏倾诉心中所忧，说别人都有兄弟，唯独我的兄弟都不在了。子夏安慰司马牛说："我听闻死生有命，富贵在天。君子只要做事不出差错，对人恭敬而合乎礼仪，那么天下人都是你的兄弟，又何必忧愁呢。"

从这些对话中，周敦实似乎找到了自己想要的答案，可一旦合上书本，心中那失去亲人的悲痛又如涛似浪般涌来，不可抑止。

周敦实十五岁这年，周辅成也因病去世。家中接二连三的变故，使年少的周敦实一度对人生感到绝望。

　　周敦实有个堂兄弟叫周兴，他不忍看到周敦实一直这样消沉下去，便约周敦实去月岩玩。

　　两人沿着坎坷崎岖的山路，一路西行，他们披荆斩棘抵达月岩时已近晌午，好在太阳藏身于云层里，适合抬头仰望。两人从月岩的西门而入，洞口乱石嶙峋，长有青苔的小径上遍布落叶和杂草，到处是湿漉漉的石壁，侧耳倾听，山风中隐约有水滴的声音传来。洞内甚是敞亮，洞顶有一个浑圆的豁口直通天宇，如同一轮满月高悬。周敦实特意从不同的角度观察洞顶，洞顶的"满月"也随之发生变化，有时是"上弦月"，有时是"下弦月"，有时又是一弯"新月"或者"残月"，周敦实看得甚是痴迷。

　　月岩之行，是周敦实人生中第一次领略到自然造化的神奇。月岩之"月"虽与他后来写《太极图说》并无直接的关联，但不排除在潜意识里对其思想产生了影响。

　　周辅成在楼田村入土为安后，郑向嘱咐已二十五岁的卢敦文将郑氏、周砺、周敦实护送至自己在开封的祖宅。郑氏在离开春陵之前，托付周兴代为看护周辅成的墓地，周家的田地也暂时由周兴耕种。

到了开封后，郑向按照郑家子侄的"惇"字辈分，先是给周敦实改名为"惇实"。后因宋英宗为太子时被赐名"宗实"，为避名讳而改为"惇颐"，因"惇"和"敦"同音同义，后人一律称其为"敦颐"。周敦颐，一个看似普通的名字，实则寄予着父亲和舅舅的厚望。

离开开封

马诚从小双亲俱亡，若不是被郑向好心收留，只怕现在还露宿街头。郑向生前从来没有把马诚当外人看，就连"马诚"这个名字也是郑向给他取的。因长时间待在郑向府中，马诚耳濡目染，不仅识字懂礼，而且还学会了打理一些府里的事务。由于他手脚勤快，又诚实可靠，深得郑向喜欢。

一年前的一天，郑向特意将马诚唤至跟前。从郑向有点肃然的表情里，马诚预感到主人这次要交代给他的事情会不同寻常。原来，郑向是想将周敦颐托付给马诚。郑向说他这个外甥为人敦厚，从不与人相争，担心他以后会吃亏，要马诚

往后跟随左右悉心照顾他的饮食起居。还特意叮
嘱，要马诚称呼周敦颐为先生。

　　周敦颐的到来曾让马诚心生欢喜，以为从此
又多了一个要好的玩伴。谁知接触的时间稍长，
马诚就对这位美少年深深地失望了。他发现周敦
颐虽然仪表堂堂，实则是一个木讷无趣之人，一
天到晚除了读书，就是发呆，简直就是一个书呆
子。起初，他以为周敦颐是因为尚未走出丧父的
阴影才埋首于古籍之中。后来慢慢发现，周敦颐
是真的嗜书如命。

　　在精心服侍主人的这些年里，马诚曾无数次
听到郑向对他这个外甥的才学和人品赞不绝口。
马诚心里想，主人是何等人物，以他的地位和学
识，又怎会轻易赏识一个晚辈。由此可见，这个
他要称之为先生的人绝非等闲之辈。要不然，主
人也不会在给周敦颐行过冠礼之后，还促成他和
陆氏（职方郎中陆参之女）的婚事。令人更不可
思议的是，郑向还将朝廷按照叙例恩赐的唯一一
次封荫子嗣的机会给了周敦颐，让他不用参加科
考就被朝廷录用为试用将作监主簿。这说明在主

人的心里，这个外甥的分量比亲生儿子还要重。

时隔不久，郑向病逝于杭州知府任上。郑向病逝后不到一年，周母油尽灯枯，不久也离开了人世。

周敦颐在短短几年内失去了多位亲人，这让他如何能够承受得住这样的打击。

此刻，马诚站在书房外面，隔窗看着坐在书案前像是入定一般的周敦颐，不由得心急如焚。周敦颐已有两日未曾出门。他旁边的那张木桌上，端来的午膳早已凉了，还是纹丝未动。

要是潘兴嗣还在郑府就好了。潘兴嗣比周敦颐小几岁，因其父和郑向是至交。潘兴嗣性情活泼、开朗，和周敦颐极为投缘，两个少年在一起总有说不完的话，他们一起欢笑打闹，一起四处游玩，也一起挑灯夜读。那应该是周敦颐自打进入郑府以来最开心的日子。可惜不到半年，潘父思子心切，派人将潘兴嗣接了回去。

马诚寻思着要不要将自己的担忧禀告给夫人陆氏。正当马诚左思右想之际，周敦颐却像一个没事人一样走出了书房。他一改此前的颓废之状，吩咐马诚备好车马和行李，准备第二天寅时出发，前往润州丹徒县（今江苏镇江）的鹤林寺，他要为母守丧。

主仆二人准时出发。一路上，马诚出于好奇问道："先生昨日如同变了一个人，马诚不解是何原因。"周敦颐看了马诚一眼，答道："心有郁结不能释怀，唯有书中文字可解。"马诚挠了一下后脑勺，还是不解。他又问："书中文字并非良药，如何能解？"周敦颐道："文字非药，却胜过良药。"马诚摇了摇头，愈发糊涂。周敦颐又道："既然言语能安抚人心，书中的文字虽无声，读之，却如同知己在身边。"马诚这下明白了，他记得有一次自己做错了事，心里十分害怕，结果周敦颐不但没有责罚，还反过来用言语安慰他。马诚心想："难怪先生如此痴迷于书本，原来先生经常与那看不见的写书人在对话。"

"先生心里有话，不妨也跟在下说说，马诚不才，虽不能像书本那样成为先生的知己，却能充当一个很好的听众，或许能缓减先生心里的郁结。"

听马诚这样一说，周敦颐不由得心头一热："你可知舅父为何给你取名马诚？"

马诚摇头，他一直以为主人当时只是随口这么一叫，先生既然这样问，这里面定然还有其他的用意。

周敦颐道："万物之所以造化，莫不以诚为本。舅父乃饱学之士，给你取名为诚，自然是意有所指。"

他们这是第三次前往润州。第一次是送郑向归葬，第二次是周敦颐扶柩送自己的母亲。前两次都是全家出动，这一次只有主仆二人。马车不疾不缓，两人说着说着，开封城就愈发远了。好在正是春暖花开的季节，沿途还有目不暇接的风景。

数日后，二人抵达丹徒的鹤林寺。鹤林寺原本叫古竹寺，创建于东晋元帝大兴四年（321），位于黄鹤山麓，有鹤林门与城区相连。鹤林寺的方丈事先知道周敦颐会来，早已让人为他在寺西安排好了住处。

待备齐祭品后，主仆二人前往离鹤林寺不远

的墓地祭奠。依照生前的遗愿，周母去世后葬于郑向的墓侧。周敦颐跪于墓前，回想起母亲生前种种，不禁悲从中来。

祭拜完毕，二人回到鹤林寺时，天色已晚。因连日来的奔波之苦再加上思母之痛，周敦颐这回是真的病倒了。

居丧鹤林寺

1

一连几日，细雨纷纷。修竹掩映的鹤林寺水雾缭绕，如同幻境。

寺院东面的厢房内，周敦颐披衣下床，将一只沉甸甸的木箱打开，木箱内全是书籍。这些书籍是经过周敦颐精心挑选后，交代马诚特意从开封搬运过来的。

"先生，药熬好了，快趁热喝下。"马诚接过周敦颐手中的书，说道："刚才方丈前来探望过先生，见先生卧病在床，他不让我惊扰先生。这药就是他带来的。"

周敦颐一听方丈来过，眉头一展，似乎感觉到身体一下子好了许多。周敦颐第一次见到他是在舅舅下葬那日。方丈率寺内众僧给舅舅诵经超度，之后又请周敦颐到寺内叙谈。言谈之间，周敦颐才知道舅舅与方丈两人的交情也非同一般。方丈谈到生死轮回，以佛法宽慰周敦颐。方丈还提到一个叫寿涯的僧人，寿涯曾在鹤林寺修行多年，也与郑向有过交往，只是行踪不定，现不知身在何处。寿涯曾留有一首偈（jì）诗："有物先天地，无形本寂寥。能为万象主，不逐四时凋……"此前，周敦颐对儒、释、道经典都有过深入的研读，尤其是《易》这本奇书，一直是周敦颐的枕边之物，他视其为五经之源，认为天地之奥妙尽蕴含于其中。周敦颐对此偈诗印象深刻，并由此引发了他对世界本质的思考。

　　这天，周敦颐独自前往方丈的禅室。一路上，他想起唐代诗人李涉那首有名的《题鹤林寺僧舍》："终日昏昏醉梦间，忽闻春尽强登山。因过竹院逢僧话，偷得浮生半日闲。"尤其是诗中"浮生"二字，让周敦颐想到庄子说的"其生若浮"，甚是触动心弦。这首诗像是专门为他而写，一种悲怆之感油然而生。但来不及多想，方丈的禅室就在前面不远。

禅室的门敞开着，室内陈设甚是简朴，一案、一榻、两椅而已。方丈双目微敛，正盘腿坐在榻上，似已入定。遇此情形，若贸然进去，似有不妥，周敦颐欲转身离去。

方丈眉头一动，睁开眼睛："来人可是周施主？老衲已静候多时。"方丈声如洪钟，周敦颐听得清清楚楚。原来方丈知道他会来，特意将门敞开的。周敦颐对方丈施了一礼："敦颐此番登门，特来拜谢大师。"方丈笑道："哈哈，看来是老衲在山上采的草药起了作用。"周敦颐道："大师的草药甚是灵验，大师上次所言更是治心的灵丹妙药。"

"周施主又有何心得？"方丈问。

周敦颐道："在下以为，寿涯所言与《易》《礼》相合，亦与老聃（dān）的大道学说相类。"

方丈微敛双目："愿闻周施主高论。"

周敦颐又道："佛家云'五蕴皆空'。有，为缘所生。说的是有、空本为一体。而《列子·汤

周敦颐一眼看见方丈双目微敛正盘腿坐在榻上。

问》载，殷汤曾问夏革，"古初有物乎？"夏革认为，物之始终，初为无极，却不知何为物之外事之先。才有无极之外复为无极之论。《老子》言'为天下式，常德不忒，复归于无极'，释、道两家虽各有所论，实际上所探寻的皆为世界之本原。"

方丈含笑不语，周敦颐接着说道："敦颐以为，先天地之物混沌不清而又没有穷尽，是为无极，太极就是从这里演化而来的。太极的运动为阳，到了极点就会归于寂静，寂静为阴，当寂静到了极点又会通过运动成为阳。"

方丈眉头一展："《易》云'龙战于野，其道穷也'，其中隐含的正是物极必反。周施主所言，乃阴阳转化之道啊。"

得到方丈的肯定，周敦颐情绪激动地讲："阴阳五行各有其性，相互转化，由此而生万物。"

"阿弥陀佛。"方丈双手合十，他没想到周敦颐年纪轻轻，对先天地之物却有如此深入的思考。尤为难得的是，周敦颐能将儒、释、道三家融会贯通，关于无极和太极之思，通过阴阳转化，构建出一个宇宙观。由此可见，周敦颐的胸襟之博大，视野之开阔，思虑之深远，实乃世所罕见。方丈叹道："清虚处士陈抟（tuán）隐居华山数十载，测天地之机，为养生之术，探求人与自然之理。今闻周施主所论，更为深入。老衲今日受教矣。"

两人正聊着，一个四十多岁的中年男子出现在禅室的门口。

"胡宿拜见方丈。"来人进门后向方丈施礼。方丈起身上前一把拉住："胡施主来得正好，这位就是老衲曾跟你提及过的周茂叔。"

周敦颐也早听舅舅跟他多次提到过胡宿的博学，没想到会在这里遇上，赶紧施礼道："久仰先生大名。"胡宿上下打量了一下周敦颐，回礼道："周茂叔果然是青年才俊。"

三人坐下后，接着刚才的话题又是一番畅聊。

胡宿和周敦颐离开方丈的禅室时已近日暮。分手前，胡宿忽然想起一事："周茂叔可曾见过范知州？"周敦颐答道："曾在舅舅府上见过一面。"

胡宿所说的范知州就是范仲淹，江苏吴县人

氏，进士出身。景祐三年（1036），范仲淹将京官晋升情况绘制成《百官图》上奏给仁宗皇帝，弹劾宰相吕夷简把持朝政，培植党羽，以警示皇帝要亲自掌握官吏升迁之事。吕夷简得知后暴跳如雷，反过来诬蔑范仲淹"越职言事，勾结朋党，离间君臣"。范仲淹针锋相对，又向仁宗皇帝连上四次奏折，斥吕夷简虚伪狡诈，因言辞过于激烈，结果被贬。周敦颐听说此事时，正逢舅舅离世。一年后又听说原本贬谪饶州的范仲淹已转任到了润州。周敦颐与范仲淹虽只见过一面，却留下了很好的印象，再加上《百官图》一事，周敦颐更是发自内心地敬佩范仲淹的胆识和人品。

"先生可与之相熟？"周敦颐反问道。

"并不相熟，只是仰慕已久。听说他如今在润州任上。"胡宿道。

"既然如此，何不约他择日到鹤林寺一叙？"周敦颐道。

"周茂叔和我想到一块了。"

胡宿当即打发家人先行回去，自己则留了下来。

2

范仲淹在接到胡宿的书信邀请后，没过多久就来到了鹤林寺。

这一日，清风徐来，天高云淡。范仲淹赞叹道："鹤林寺果然是个神仙所在。"

周敦颐和胡宿将范仲淹迎进寺内。马诚沏了一壶磨笄（jī）山的新茶，端上来。从年龄上看，周敦颐虽比胡宿和范仲淹都要小二十多岁，但胡、范二人并没有在意，三人倒是如多年老友重逢一般，边饮边聊，不亦乐乎。

范仲淹贬为饶州知州期间，其友梅尧臣作《灵乌赋》，以乌鸦为喻，说乌鸦将人的死讯提前告之，人们反而说乌鸦不吉利。想以此劝诫范仲淹不必直言相谏，以免惹祸上身。可范仲淹没有听从，他也回了一篇《灵乌赋》给梅尧臣，坚定地表明了自己的立场。

周敦颐道："范知州在《灵乌赋》中有言'宁鸣而死，不默而生'，在下万分仰慕。"

"范知州大节凛然，在下以茶代酒，敬范知

州。"胡宿端起手中的茶杯。

范仲淹喝了一口茶，叹道："如今我大宋吏治不清，又有西北边防隐患，为臣者，岂能不忧。"

胡宿道："听说范知州在饶州曾以执教兴学为乐。"

"说起执教兴学，我独敬重泰州胡瑗'以道德仁义教诸生'。先治己，后治人，乃治世之王道。"范仲淹道。

周敦颐深以为然："范知州所言甚是。师道立，良善之人才会多起来，朝廷有了正气，天下自然好治理。"

范仲淹突然感慨道："青年才俊似周茂叔这般才学深厚的，又有几人？"

周敦颐脸一红："范知州过誉了。"

胡宿道："我倒是听闻临川军之新淦（gàn）县有一少年叫王安石，不过十六七岁，也颇有才学和志向。"

范仲淹想了想："我好像也听说过，此人虽颇有才学，却恃才傲物，不知是真是假？"

见胡宿不语，周敦颐说道："有才之人，难免会恃才傲物。"

胡宿望着范仲淹笑道:"周茂叔此言不虚,想当年,你我在年少之时,不也是如此?"

范仲淹也笑道:"来日方长,有他历练的时候。"

胡宿提议道:"范知州初来鹤林寺,不如四下里走动走动。"

范仲淹欣然同意。

是夜,周敦颐卧室的灯火久未熄灭。马诚问道:"先生又有何心事?"

周敦颐道:"今日见范知州,方知其心中所忧啊。"

3

一日,鹤林寺来了一位少年,指名道姓要见周茂叔。看守寺门的和尚事先并不知晓周茂叔就住在寺内,见此人年纪轻轻又有些目中无人,正准备将他轰走,恰好被马诚撞上。

马诚一听说此人是来找自家先生的,就上前

问道:"阁下何人?找周茂叔又有何事?"

来人看了马诚一眼,头一仰:"我是新淦县的王安石,听说周茂叔从开封到了鹤林寺,特来相见。难不成你认识他?"

马诚见少年说话的语气的确有几分张狂,就随口道:"周茂叔有事外出,不在寺中。"

"既然他今日不在,那我明日再来。"王安石冲着马诚的背影大声嚷道。

马诚原本想将王安石来到鹤林寺的事告之先生,话到嘴边又咽了回去。心想:"那样一个不知天高地厚的少年,先生还是不见为好,以免扰了先生的清静。"

周敦颐见是马诚来了,指着东谷的一处空地道:"若在此处挖凿一口泥池,再种上白莲就好了。"周敦颐脑海里浮现出舅舅家池塘里所种的祁阳白。

见马诚脸色阴郁,对自己刚才说的话没有任何反应,周敦颐甚觉奇怪,问道:"莫非有什么心事?"

马诚见先生问了,不好隐瞒,只好将王安石

前来找他的事说了出来。

周敦颐一听说是王安石来了，起身就向寺门走去。等他到了门口，王安石已经离开。

见周敦颐站在那里有点失望，马诚道："先生莫急，此人说，明日还会来的。"

第二天，周敦颐让马诚守在寺门口，一旦见到王安石，立即带他进来。

马诚守到午时还没有看到王安石的影子，心想，王安石应该不会来了，正准备回去复命。只见山道上一个少年慢慢悠悠地走来了。马诚定睛一看，果然是王安石。

待王安石走近，马诚上前施了一礼："我家先生有请。"

王安石见马诚就是昨天那个说周敦颐不在的人，而且对自己的态度不好，就故意问道："你家先生是谁？"

"我家先生就是周茂叔。"马诚答道。

王安石冲马诚挥挥袍袖："前面带路吧。"

马诚将王安石带到周敦颐跟前时，周敦颐正在清理书架上的书籍。

"原来你就是周茂叔。我是王安石，字介甫。"王安石见周敦颐比自己也大不了几岁，说话的语气一下变得轻松随意起来。

　　周敦颐见王安石神色中果然有几分自负，故意问道："介甫找我有何见教？"

　　王安石眉头一扬："听闻周茂叔熟读六经，特来切磋。"

　　周敦颐微微一笑："听闻之事岂可当真？"

　　王安石盯着周敦颐看了又看："莫非茂叔兄看我年纪小，不想与我切磋？"

　　旁边的马诚有点听不下去，插嘴道："明明是你慕名而来拜见我家先生，不说讨教，却说是切磋，这倒也罢了，竟然胡乱揣测，实在无礼……"

　　周敦颐心想，王安石年纪轻，还不懂得圆融，说起话来才会这么直接。周敦颐没让马诚把话说完，问道："不知介甫想切磋什么？"

　　王安石回想自己刚才的言行，的确有不妥之处，这才拱手道："刚才的确是小弟鲁莽了，还望茂叔兄见谅。小弟此番前来，是想讨教学问。"

周敦颐道："介甫但问无妨。"

王安石一下又来了劲："我想问，世人当以何为礼？又以何为乐？礼和乐，孰先孰后？"

周敦颐没想到王安石一开口提问就显示出异于常人的思维。

周敦颐来回踱了几步，说道："在圣人看来，礼，是道德规范。乐，是和谐。有了礼乐，社会秩序井然，世人自然和谐共处。所以，先有礼，而后有乐。"

王安石又问："何为圣人？"

周敦颐："圣人体悟万物，效法天道，从而制定出道德法则。"

王安石："圣人可以学吗？"

周敦颐："可以。"

王安石："有没有学习的诀窍？"

周敦颐："学习圣人的诀窍在于一个'一'字。一个人若能做到一心一意，心无杂念，就不会受到名利声色的侵扰。人无私欲，则安静谦逊；内心安宁，则睿智聪颖；明辨是非，则处事公道。这样的人，差不多也就是圣人了。"

王安石："生而为人，却始终离不开'性情'二字。我以为，人的喜怒哀乐好恶欲，之所以没有从外在体现出来而存在于内心，是由其本性决定的；没有从外在体现出来而存在于行动之中，则是由于情感的原因。圣人又是如何看待性情的？"

周敦颐："圣人不会因为私情和本性，而失去公允。圣人的公正就在于以理来节制性情，如同天地日月一样无私。"

王安石接着又一连提了几个问题，从政治体制到阴阳五行，包罗万象，周敦颐都一一作了解答。

王安石最后由衷地感叹："茂叔兄今日所言，足可解我心中所惑。小弟告辞，后会有期。"

周敦颐原本想再多听听王安石的高论，王安石却急着向他告辞，令他很是不解，但又不便强留，只好将他送到寺院的门口。王安石似有很重的心事，匆匆离去。

周敦颐后来寻思，或许是自己的话对他有所触动，又或许是王安石从中悟到了什么，急于回去求证。通过这次会面，周敦颐预感到这个王安石并不满足于自己已有的学问，尤其是对一些问题的思考已远非常人可及，日后前途当不可限量。

主仆二人花了数天时间，终于将东谷的泥池挖好，并种上了白莲。白莲是莲中珍品，到了五月，莲株开始发芽分化，然后抽生花蕾，至六月开花，八月莲蓬已然成熟，其籽色白粒大，味甘清香。

莲花在佛教、道教中被视为圣物，周敦颐对白莲情有独钟，经常在莲池边阅读、思考。后来，周敦颐每到一个地方，都与莲结下不解之缘。

老吏不如

仁宗康定元年（1040），西北战事吃紧，陕西安抚使韩琦奏请朝廷，启用在越州当知府的范仲淹任陕西经略安抚招讨副使。范仲淹采取"屯田久守"的方针，巩固了西北边防。此时，二十五岁的周敦颐在鹤林寺居丧已满三年，守孝期满后接吏部文书调往洪州分宁县（今江西修水县）任主簿，正式到任是庆历元年（1041）。

依照唐代州县等级划分制度和宋太祖开宝三年（970）时的规定，分宁县属三等县，下设主簿、县尉，以主簿兼管县令职事。周敦颐的这个分宁主簿实际上就相当于分宁县的县令。

这年春天，周敦颐刚到任上就碰到了一件颇

为棘手的刑事案件。前任主簿在移交案件时，特将案件的原委向周敦颐作了说明。

这是一桩杀人案。案件的重大嫌疑人是一个叫杜四的酒坊小老板，他被关押在狱中等待宣判已有八年之久。

八年前的一天，一个叫魏武的人到杜四的酒坊来买酒。魏武家住酒坊的隔壁，两家仅一院之隔。魏武见杜四之妻陈氏颇有几分姿色，就隔三差五过来买一坛酒，他无非是想跟陈氏套近乎。陈氏只管卖酒收钱，对魏武这个人却毫无兴趣。

这天杜四因为平时用来劈柴的斧头已无故丢失几日，极不方便，就想到集市上买一把新的回来。杜四一走，就只有陈氏一人在酒坊里。陈氏见魏武带着两个人还推着一辆车过来，就问他买多少酒。魏武没有正面回答，反过来问她酒坊里还有多少酒。陈氏说有二十坛。魏武却说酒不够，若没有三十坛，他就换一家买。眼看送上门来的生意就要跑掉，陈氏突然想起前两日丈夫在后院还埋了十坛酒……

由陈氏引路，魏武等人拿着锄头来到一棵桂

花树下，谁知竟然挖出一具尸首。魏武见此情景，当即叫人报官。官府的人赶到现场后，很快将陈氏抓走。此后，杜四在从集市回来的途中也被抓走。

经查，死者为一个叫李文昌的盐商，其头部被利斧击打致死。与尸体一同挖出来的还有一把斧头，后经仵作查验，这把斧头正是凶器。杜四看到物证后承认，这把斧头就是自己几天前丢失的那把。但杜四否认自己认识李文昌，也坚决不承认自己用斧头杀了人。至于他在后院埋下的十坛酒怎么会变成人的尸体，杜四一口咬定是有人故意栽赃陷害。问题是目前所有的人证和物证都对杜四不利，杜四想要脱罪谈何容易。

刚开始，官府觉得那个报官的魏武甚是可疑，便暗地里对他展开调查。数月后，案件却毫无实质性的进展，又找不到别的线索。

周敦颐从前任主簿手中接过卷宗后，一个人去了杜四的酒坊。

杜四酒坊的门上挂着一把锈迹斑斑的铁锁。周敦颐一打听，才知道早在八年前，陈氏被释放后没过多久就带着女儿回乡下父母家了。

周敦颐来到酒坊后面的院子，院子凌乱不堪。周敦颐发现了墙角堆放的空酒坛子。这与他和马诚刚进分宁县城时沿街看到的酒坛一模一样。由此可见，分宁县城用的酒坛应该都出自龙泉窑。在仔细察看完院子之后，周敦颐最后将目光锁定在院子的隔壁，那是魏武的住所……

马诚说："也不急在一时，先生过段日子再审也不迟。""正因此案拖得太久，不能一拖再拖。"周敦颐边说，边拿起案卷，仔仔细细地翻阅起来。马诚见先生不睡，他也不睡，站在一旁候着。

"明日一早，你带两个人去寻找陈氏的下落。"周敦颐边翻卷宗，边对马诚说道。

第二日，马诚没费多少周折就找到了陈氏，并将其直接带到了公堂。

陈氏一到公堂，就跪倒在地，大呼道："我家官人冤枉啊……"

周敦颐见陈氏虽面容憔悴，却难掩姿色，便问道："本官问你，八年前，你可与他人另有私情？"

陈氏："主簿明鉴，民妇绝无私情。"

周敦颐："可有人曾纠缠于你？"

陈氏犹豫了一下，然后说道："民妇的官人被关押后，曾有人上门提亲。"

周敦颐："提亲之人是谁？"

陈氏："此人姓魏名武。"

周敦颐："本官再问你，你家卖出去的酒可有什么标记？"

陈氏想了想，"哦，回禀大人，民妇想起来了，平时卖出去的酒没有标记，但埋在后院的那十坛酒有标记。"

周敦颐："此话怎讲？"

陈氏："我在这十个酒坛的坛底都刻了一个杜字。"

问完陈氏，周敦颐命马诚速带人前往魏武家，一旦搜出刻有杜字的酒坛，就连人带酒坛一并带到衙门。

果然不出周敦颐所料，马诚在魏武家搜到了酒坛。当天魏武并不在家，马诚是在魏武回家的途中将其抓获，然后带回衙门。

魏武到了大堂,才发现大堂上坐着的主簿,从头到脚透着一股儒雅之气。魏武知道这位主簿新上任,一看就没什么办案的经验,自然不放在眼里。

"堂下何人?"周敦颐不怒自威。

"见过周主簿,小人姓魏名武。"魏武有点不太情愿地跪下,然后答道。

"你可知这酒坛从何处而来?"周敦颐扫了一眼堂上的酒坛。

魏武指了一下马诚,答道:"是这位官差从小人家搜来的。"说完,魏武将头一扬:"这种酒坛分宁县城到处都是。周主簿若是感兴趣,您要多少,小人就可以给您弄多少。"

周敦颐面色一沉,缓步走到魏武的跟前:"本官再问你,这酒坛从何处而来?你可要如实回答。"

魏武眼珠子一转,回答道:"周主簿明鉴,这是小人从附近的酒坊买来的。"

周敦颐的目光突然变得锐利起来,像剑一样刺向魏武:"可是从杜四家的酒坊买来的?"

"堂下何人？"周敦颐不怒自威。

魏武迟疑了一下，见周敦颐一直盯着自己，不由得心里一颤，慌忙点头道："是的。"

周敦颐又问道："到底是你从杜四那里买的，还是在杜四酒坊的后院挖出来的？你可得想清楚。"

听到"挖"字，魏武一时大惊失色："这酒……这酒真的是小人买的……"

周敦颐："既然是买的，为什么这酒坛的坛底有记号？"

"记号？小人不明白周主簿的意思。"想到有可能是这位周主簿在故意诈他，魏武马上又故作镇静。

周敦颐突然拍案而起："大胆魏武！你还想狡辩，那就由本官来告诉你。你家与杜四的酒坊仅一院之隔，你只要通过自家的窗户就可以看到院子里的一切动静。八年前，你见陈氏貌美，一直想据为己有，怎奈杜四夫妇恩爱有加，让你无从下手。你以为除掉了杜四，就有机会占有陈氏，便借机嫁祸于杜四。你先是偷走杜四常用的斧头，在杀死盐商之后，见杜四埋酒于树下，便在深夜将埋下的酒挖出搬回自己的家中，然后神不知鬼不觉换上死者的尸体。当你发觉杜四不在家，又故意带人前去买酒，谎称自家亲戚七十大寿，然后以买酒之名，让事情暴露在大庭广众之下，这样既坐实了杜四就是杀人凶手，也有意让官府作出陈氏对埋人一事并不知情的推断。杜四入狱之后，陈氏果然如你所愿被官府释放。不久，你就迫不及待上门向陈氏提亲，直到陈氏拒绝你，离开酒坊回到乡下以后，你才对陈氏死心。"

此时的魏武已听得面如土色，他没想到周敦颐所言如同亲眼所见，分毫不差，跪地说道："周主簿饶命啊，小人与那盐商并无仇怨，小人也是受人指使……"

周敦颐喝道："受谁指使？"

魏武哭丧着脸："是小人……小人的一个亲戚。他叫郭天保，是小人的表叔，也是一名盐商。自从李文昌来到分宁后，多次压低盐价出售，抢走了不少生意。表叔一直怀恨在心，早就想干掉……干掉李文昌。是他……给了小人一笔钱，指使小人去干的。"

　　案情至此真相大白：在本地盐商郭天保的指使下，魏武杀死了李文昌。之后，魏武为了达到自己的目的又嫁祸于杜四。郭天保很快被缉拿归案，他对自己指使魏武杀人的事实供认不讳。周敦颐依据《宋刑统》中的第十七卷第二条，以谋杀罪判处郭天保死刑，魏武则同时犯有谋杀罪和栽赃陷害罪，两人均被押入死牢。此案上报刑部核准后，两名案犯秋后问斩，杜四则无罪释放。一桩八年前的悬案，经周敦颐之手"一讯立辨"。

　　当地人得知这一消息，无不拍手称快，奔走相告。有人更是惊叹道："新任周主簿办案，就算是有经验的官吏都不如他。"

　　此悬案告破之后，周敦颐又接连破了二十余起大小积案，官声由此大振。

讲学于公斋

　　自宋太祖将"不得杀士大夫与上书言事人"勒于石碑以昭示子孙始，民间各地皆有饱学之士创办书院，兴办学堂，造福于学子。孙复、胡瑗知识渊博却甘于清贫，施教时强调文章"传经义"、"以理胜"，强调为人处事要"敦尚行实"，开宋代新学风之先河。宋代尚学之风的兴起，为周敦颐兴教办学，以及后来成长为一代鸿儒提供了丰厚的土壤。

　　入夜，周敦颐的卢溪官舍灯火通明，他坐在案前时而沉思，时而奋笔疾书。明天是他在卢溪正式讲学的日子，他得事先拟好讲授的内容。

　　自从周敦颐由分宁主簿平调到袁州卢溪镇代

理市征局事务后，马诚紧跟着周敦颐办事的节奏，一直都没闲着。眼看全年的征收任务已提前完成，马诚以为这下可以轻松了，谁知周敦颐又将自己的官舍作为开馆教学的场地。周敦颐还将自己的薪俸拿出一部分用来置办桌椅教具，以供讲学之用。

马诚见周敦颐还不打算休息，就上前劝道："先生明天还要讲学，应该早点休息。"

周敦颐抬起头，见官舍已布置妥当，甚是满意。他放下手中的笔，随手拿起一张刚才写的讲义递给马诚，说："你念一念。"

马诚见周敦颐兴致勃勃，只好接过那张墨迹未干的讲义，念道："动而正，曰道……用而和，曰德……匪仁，匪义，匪礼，匪智，匪信，悉邪矣……邪动，辱也；甚焉，害也……故君子慎动。"

待马诚念完后，周敦颐问道："你可明白其中的道理？"

马诚一个劲地摇头："不明白，还请先生教我。"

周敦颐道:"只有当一个人动机纯正的时候,才会走正道。处理事情,不偏不倚,才合乎道德规范。一个不仁、不义、不礼、不智、不信的人,会走向邪恶。一个人动了邪念,他的行为不仅会让自己受到羞辱,还会给别人造成伤害,所以君子做每一件事都要三思而后行。"

周敦颐没想到马诚竟然一点就通。他原本对开办学堂并没有什么把握,一是自己初登讲堂,心里难免有些忐忑;二是他讲的不是"六经",而是自己的思想观点,能不能被人接受尚不得而知。通过马诚的反应,周敦颐有了一定的底气。

果然,周敦颐开讲的第一天就取得了成功。前来听讲的人络绎不绝,尤其是周敦颐所讲的学问让人闻所未闻,听者无不被他渊博的学识和深入浅出的讲解所折服。

周敦颐没想到自己初次讲学就受到了学子们的喜爱,这对他而言是莫大的鼓舞。每天在政务之余,周敦颐不是在讲学,就是在准备讲义。

这天,学子们早早就来到了讲堂,座无虚席。

这次讲学,周敦颐并没有按照自己备好的讲

义进行讲解，而是先由学生提问，再由他来进行解答。

第一个发问的是一个衣着朴素的小伙子，他问道："先生，我自知资质不够，不及别人聪明，请问我该怎样改变自己？"

周敦颐道："你能意识到自己不如别人，这一点就比很多人强。你若想改变自己，就要让自己进步。只有不断地学习，才能让你得到改变。"

小伙子有点激动，很显然，周敦颐的话让他树立了自信心。

这时，一个年轻人接着小伙子的提问问道："先生，若发现朋友身上有缺点，我应不应该及时提醒他？"

周敦颐道："君子劝人为善。朋友有缺点，当然应该及时给他指出来，并告诉他，缺点是能改掉的。"

年轻人又问："对于一个虽有过失却无大恶的人，应该如何劝诫？"

周敦颐道："《春秋左氏传》有云：'人非圣贤，孰能无过！过而能改，善莫大焉。'你可以告诉你的朋友，谁都有过失，改掉了就是君子，有过不改，才是大恶。他听到这样的话，还会不改吗？"

众人皆认为周敦颐所说，句句在理，一时提问者十分踊跃，周敦颐有问必答。

在这堂课快要结束的时候，从虔州慕名而来的中年男子问道："对于未成年的小孩，先生该如何教导？"

周敦颐答道："未成年的小孩就如同山下涌出的泉水，从里到外纯洁无邪。为师之道，当因势利导，切不可以让其沾染世俗的欲念，从而扰乱其心性。小孩的心性一旦不清不静，就很难教导了。"

中年男子听罢感慨道："先生今日所言，皆为君子之道，程某全记下了。"

周敦颐在袁州的讲学风气一开，立即带来了连锁反应。袁州的进士竞相来此讲学，各地前来求学的人更是趋之若鹜。

这一年是庆历三年（1043）。进士及第的王安石已在扬州走马上任。令"西贼闻之惊破胆"的范仲淹也回到朝中。时任枢密副使、参知政事的范仲淹，在宋仁宗的支持下，大力推行"庆历新政"。令周敦颐感到可惜的是，"庆历新政"实施不到一年就宣告失败。范仲淹因受到保守派的猛烈攻击，再次被贬出京城。

刀下留人

　　庆历四年（1044），从分宁到卢溪，无论是为政，还是教学，周敦颐都展现出过人的智慧和才华。周敦颐顺利通过吏部对他的考察，调南安军任司理参军。司理参军为知州的佐官，按宋制主要掌管讼狱，是直接办案的官员。

　　在调往南安军之前，周敦颐就对转运使王逵有所耳闻，人皆言王逵为政暴虐、滥刑好杀。周敦颐到任之后，才知此言非虚。

　　周敦颐刚一上任，王逵就交给他一份处决犯人的名单，令周敦颐第二天到行刑现场负责监斩。拿到这份名单之后，周敦颐的心里有点不踏实，这毕竟是几条人命，不能有半点差池。他让马诚将人犯的卷宗全部调出，回到官舍后一个一个地进行核对。

"先生，这些案子都是王转运使亲自定的，刑部也已核准，先生执行就好了，为何还要审阅？"马诚担心周敦颐在审阅这些案子的过程当中，再生出什么枝节，会带来不必要的麻烦。周敦颐一脸严肃地说道："人命关天，岂可马虎。"

通过认真核查，周敦颐发现其中有一桩案件量刑过重。案犯陈向志是一名镖师，长年走镖在外。家中只剩下父亲、妻子和幼子。有一天，陈向志的父亲目睹南安一大户人家的公子当街殴打一男子，问清缘由之后才知这名男子只是不小心挡了他的道，结果不容分辩就遭此毒手。陈父实在看不过去，不过是说了几句公道话而已，结果被毒打了一顿。陈父身受重伤又加上悲愤难平，没过几日就一命呜呼了。陈向志得知实情后，于一天晚上潜入大户人家的府中，打人的公子尚在酣睡之中就已身首异处。陈向志杀人之后，提着人头直接到官府自首。

"陈向志一案是误判，我得去向转运使讨个

说法。"周敦颐放下卷宗说道。

马诚心里一惊，说："先生且慢，先生可知这王转运使办案素来独断专行，他亲定的案子怎肯轻易改判。更何况……"

见马诚欲言又止，周敦颐边换官服，边问道："关于此案，你还知道什么？"

马诚支支吾吾地说："我也只是听说……听说这个陈向志所杀之人，是王转运使家里的一位……远房亲戚。"

周敦颐停下来，看了马诚一眼："好啊，难怪会判处死刑。"

马诚原以为周敦颐会因此改变主意，问道："先生还去找王转运使理论吗？"

谁知周敦颐迅速将官服、官帽穿戴好，态度异常坚决："不管是谁判的，有错就得改判！"

周敦颐见到王逵后，直接将陈向志的卷宗放到王逵的案头。

"周参军是不是对此案有什么疑问？"王逵问道。

"请王转运使明鉴，按照《宋刑统》卷十八

第六条规定，犯人陈向志不应判处死刑。"周敦颐接着道，"陈向志之所以夜入民宅杀人，是因得知其父被毒打致死。杀父之仇，不共戴天。陈向志因胸中恶气难平，才失去理智。杀人后，他并没有逃跑，而是投案自首。依律罪不该死，应将死刑改为流刑"。

周敦颐话音刚落，王逵脸色一沉，说："周参军倒是熟知我大宋律法，但本官以为这个陈向志在得知其父死后并未报官，这是藐视官府。夜入民宅杀人，是自恃自己武功高强而蓄意杀人。就算他事后自首，亦不能脱其罪。杀人偿命乃天经地义。"

周敦颐正要分辩，一小吏有要事前来向王逵通报。王逵急于出门，见周敦颐还没有要走的意思，甚是不快，厉声道："此案已判定，绝不更改。本官现有要事要办，周参军不要再白费口舌，请回吧。明日记得到刑场监斩。"

王逵说完，将周敦颐晾在那里，疾步向外走去。

周敦颐回到官舍后一宿未眠。马诚知道周敦

颐在王逵那里碰了个大钉子，但又不知如何安慰他，在一旁干着急。

第二天一早，周敦颐吩咐马诚取来自己的告身。

主仆二人先是赶到囚牢，周敦颐原本打算在王逵押解犯人去刑场时与他理论，谁知两人来晚了一步，王逵一大早就将犯人押走了。周敦颐和马诚只能快马加鞭地赶往刑场。

刑场设在城西菜市口，此前官府张贴过行刑的公告，前来围观的人早已将整个刑场围得水泄不通。刑场上，几个凶神恶煞的刀斧手将五花大绑的人犯押到台前。陈向志的妻子一边哭，一边大喊"冤枉"。

亲自监斩的王逵拿出刑部的官文，昂着头宣读起来。在他念到"陈向志"时，台下的人群里一阵骚动。周敦颐分开人群走到台前，大喊道："刀下留人！"

"周参军是来监斩，还是来救人？若是监斩，周参军为何此时才来？若是来救人，周参军来得也不是时候，一切都已经晚啦。"王逵扬了扬手中的官文："本官已当众宣判，周参军既然来了，就在一旁看着本官行刑吧。"

周敦颐不卑不亢，正色道："下官是来救人的，这次要救的是两个人。"

王逵问："除了陈向志，你还要救谁？"

周敦颐直视王逵："这个人就是您王转运使。"

王逵先是一愣，然后仰天大笑道："周茂叔，本官念你初到南安，又护法心切，本不打算治你延误监斩的失职之罪，你倒好，反过来还想戏弄本官。本官倒想听听，你到底是安的什么心，你又如何救得了本官。"

周敦颐道："下官不来监斩，是不想靠杀人来讨好王转运使，更何况此人按律本不该杀。既然此人不该杀，就得救。转运使若是杀了不该杀之人，就是知法犯法，下官不想转运使因此获罪，故也得救。若不救，下官身为朝廷命官，明知宣判有误却不予以纠正，也难辞其咎。"

王逵的脸气得一会儿红，一会儿紫，他用手指着周敦颐："你……你胆敢教训本官……"

周敦颐道："下官不敢。下官只知道要遵守国家法度。"

王逵气急败坏地说："好，本官倒想看看你今天能救得了谁。"

周敦颐见王逵拿起桌上的令签准备让手下行刑，赶紧向马诚使了个眼色。马诚慌忙从怀里掏出周敦颐的告身。

周敦颐接过告身，往王逵面前一丢："王转运使若一意孤行，下官宁愿弃官为民。"

王逵没想到周敦颐为了救一个与自己毫不相干的犯人，宁愿置自己的官位和前途于不顾。

王逵一下子被震慑住了，没有再和周敦颐继续争执，他眉头紧蹙，一个人背着手在行刑台上走过来走过去。王逵再次走到周敦颐面前，他弯腰将地上的告身捡起，重重地拍在周敦颐的手上，然后从台上走了下来。

王逵回头看了一眼周敦颐，又环顾了一下四周，大声道："鉴于陈向志一案又有新的冤情，今日暂不行刑，押回官府重审。"

经重新审判后，陈向志免于死刑，改判为流刑。报刑部核准后，他被押往千里之外的边地终生服苦役，算是捡了一条性命。

　　让周敦颐没有想到的是，从此以后，王逵对他敬佩有加，也极其信任，无论大小案件都事先征求他的意见，再量刑定罪。

收二程为徒

1

庆历六年（1046），程珦（xiàng）以虔州兴国县知县代理南安州副职，成了周敦颐的顶头上司。按照惯例，周敦颐作为下属得去拜见上司。

在见到程珦时，周敦颐总感觉这个人似曾相识，可一时又想不起来。

"周茂叔，见到本官是不是觉得有点面熟？"程珦看着周敦颐微笑着说。

"哦，下官想起来了，"周敦颐道，"下官曾在卢溪的学馆见过程知县。"

程珦道："周茂叔好记性。

周敦颐作揖道："上次下官不知是程知县驾临，失礼之处还望见谅。"

程珦回礼道："当时本官还在虔州，听闻周茂叔在卢溪开坛设讲，特来一见。周茂叔所论果然精妙。"

周敦颐忙拱手道："大人过奖了。"

自从程珦到南安州任职后，他对周敦颐格外留意。通过一段时间的观察，他发现周敦颐不仅学识渊博，处理政务的能力也非常人可及。最为难得的是，周敦颐在言行上是高度一致的，这在官场上极为罕见。

程珦育有二子，程颢和程颐。程颢，字伯淳，号明道，十五岁；程颐，字正叔，别号伊川，十四岁。因家学渊源，两兄弟从小就受到良好的教育。程珦极重视二子的学业，鉴于二子现有的学识，已很难找到能教他们的老师。上次卢溪之行绝非一时兴起，程珦真正的目的是为了给两个儿子物色合适的老师。他听了周敦颐的一堂课之后，留下了很好的印象，曾萌发过让二子拜师的念头。没想到天遂人愿，周敦颐现在就站在自己的面前。

这天，周敦颐正在低头查阅讼狱卷宗，程府家仆送来了一张请束，邀请周敦颐到程府去赴家宴。带着满腹的疑问，周敦颐准时来到程府。

程珦将周敦颐迎入府中，通知两个儿子出来拜见老师。此时，程颢和程颐正在书房里谈论父亲给他们新请的先生。

程颢道："听父亲说，今天请来的这位先生才学了得。"

程颐不以为然："此人不过是父亲的一个下属，依小弟看，他的才学不会高到哪里去。"

程颢认为程颐的话不无道理，就附在程颐的耳边说道："你我不妨在席间如此这般，他有无才学一试便知。"

兄弟二人在前厅拜见周敦颐时，一个噘着嘴，一个皱着眉头，在向周敦颐行礼时，两人匆匆一揖，甚是草率。

程珦对兄弟二人这种失礼的行为虽然不悦，但又不好发作，只好一脸尴尬地对周敦颐说："犬子顽劣，请先生莫怪。"

周敦颐微微一笑道："今日大人请下官来，可是想让下官收两位公子为徒？"

程珦说："先生是如何得知本官用意的？"

周敦颐说道："两位公子经您精心栽培，自然是学识不凡，岂能不知礼数。今日见到下官，定然是故意为之。"

程珦问道："先生怎知两人是故意为之？"

周敦颐道："大人可见过任人驱使的良驹？"

这下程珦听明白了，原来是这两个小子在故意为难周敦颐。程珦觉到既好气，又好笑。

"真是什么也瞒不住先生，今日请先生来，正是想请先生收二子为徒。还请先生不要推辞。"程珦一边说，一边请周敦颐入席。

程颢和程颐坐在周敦颐的对面，两人都有点不太自在。程颐忍不住先开口："先生若是只教我们六经，就不劳先生费心了。"

程珦闻言呵斥道："吾儿不得对先生无礼。"

周敦颐不但不恼，反而笑了："两位公子怎知我要教你们六经？"

程颐脸上一红，意识到自己刚才过于心急，

一时不知如何回答。

程颢要沉得住气一些："小弟刚才有点鲁莽，先生莫怪。我想问先生，文何以载道？"

周敦颐略为沉吟了一下，说道："文以载道，犹同马车用来运载物品。就算马车装饰得再华美，若没有东西可装，那不过是一辆空车。文章若只讲技巧，没有道德义理，就不能起到教化的作用，也就没有什么价值。"

程颐接着问道："在先生看来，何为道德义理？"

周敦颐答道："道德义理在宇宙万物之间，有的显而易见，有的隐晦不明，若不用心去思考，就很难知晓。阴阳二气化生五行，五行化生万物。万物都有其发展规律，掌握了规律，也就懂得了道德义理。"

两兄弟听了周敦颐的解答，刚才的骄横之气已荡然无存。程珦喝了一口茶，含笑不语。

程颢又问道："先生可知何为圣人之道？"

周敦颐道："圣人之道，无非是奉行仁、义、中、正罢了。贵在恪守，切实奉行，则无往而不利。若能更进一步，那就是其德与天地相配，这样的人自然就是圣人。"

周敦颐话音刚落，两兄弟突然从座位上起身，走到周敦颐的跟前，然后跪倒在地，齐声道："先生在上，请受弟子一拜！"

2

周敦颐自从收二程为徒之后，除了政务和教学，他还得将自己的讲义进行整理、补订，他的传世之作《通书》也正是在这个时期完成的。

程颢和程颐自从拜周敦颐为师之后，学业上大有长进。

周敦颐放下手中的讲义，师徒三人席地而坐，无拘无束地交谈起来。

程颐道："上次我问先生，窗前杂草丛生为何不除，先生说与自家意思一般。不知先生可有所指？"

周敦颐道："孟子云：'万物皆备于我'。这世间之物生生灭灭皆属自然，也合乎其理。窗前之草生于自然，为何要人为除之？”

程颐恍然大悟道："先生是在教我们为人以仁。"

程颢补充道："先生也在告诉我们，天地万物原本就是一体。先生所说的'与自家意思一般'，亦是此理。"

周敦颐听后微笑点头。

程颐问道："那在先生看来，人与物有何区别？"

周敦颐道："天地之间，只有人独得阴阳之精华。人的情感在与物的感通中形成，从而有了喜、怒、哀、乐，因此人能区分是非善恶。"

周敦颐接着说道："你们兄弟二人何不去寻找颜回之乐？"

周敦颐所说的"孔颜之乐"，出自《论语·雍也》，程氏兄弟自然是非常清楚。颜回是孔子最得意的弟子，对于颜回的道德修为，连孔子都自叹不如。孔子曾当着众弟子的面说："贤哉，回也！一箪食，一瓢饮，在陋巷，人不堪其忧，回也不改其乐。"

周敦颐道:"你们兄弟二人当以颜回为楷模。"

两人心想,颜回用竹筐吃饭,用瓜瓢饮水,住在小巷子里,别人都受不了那穷苦的忧愁,颜回却乐在其中。先生之所以要他们学习颜回,是因为颜回所追求的不是世人所仰慕的富贵和名利,而是先生时常跟他们说的道啊。想到这里,兄弟二人跪在地上说:"弟子当谨记先生教诲。"

窗外下起了雨。周敦颐的思想像春雨一样浸润着两个少年的心田。

《太极图说》

　　一连几日，周敦颐除了处理政务之外，就将自己关在书房里。他的两个弟子程颢和程颐也暂时休学在家。马诚觉得甚是奇怪，先生既不看书，也不著文，而是在画画。

　　周敦颐画的是大大小小的圆。画完圆，周敦颐又在圆内涂来抹去。马诚看不懂周敦颐到底要画什么，他只是觉得周敦颐对自己画的东西很不满意。周敦颐经常画几笔就停下，或者将画纸揉成一团丢到地上，然后拿起一张纸又接着画。

　　周敦颐对马诚的话充耳不闻。

　　这天，周敦颐的好友潘兴嗣来访。潘兴嗣的到来让马诚很是高兴："潘先生来得正好，我家先生这几日突然迷上了画画，一连几日都未出门，可能是画累了，正在酣睡。"

潘兴嗣也觉得奇怪："周茂叔画了什么，快带我去看看。"

马诚带潘兴嗣来到周敦颐的书房，只见书桌上有几张纸，一张纸上画的是太极图，另外几张纸上写的是《太极图说》。潘兴嗣看了太极图，惊叹不已。这张图由五部分组成，图中有小字旁注：第一部分是一个圆，圆内空无一物，意为无极；第二部分为圆中有圆，圆中之圆虚实相合，意为阳动阴静；第三部分为水、火、土、金、木，五行之间有线条相互勾联，意为五行衍化；第四部和第五部分也分别都是一个圆，第四部分意为乾道成男，坤道成女；第五部分意为万物生化。

在还没有看《太极图说》之前，潘兴嗣从这幅"太极图"里已预感到周敦颐要构建的是一个关于天地万物的思想体系。周敦颐的《太极图说》将这一思想作了精妙的阐释。潘兴嗣大声诵读起来：

无极而太极。太极动而生阳，动极而静，静而生阴，静极复动。一动一静，互为其根；分阴分阳，两仪立焉。阳变阴合而生水、火、木、金、土，五气顺布，四时行焉。五行一阴阳也，阴阳一太极也，太极本无极也。五行之生也，各一其性。无极之真，二五之精，妙合而凝。"乾道成男，坤道成女。"二气交感，化生万物，万物生生，而变化无穷焉。

　　唯人也，得其秀而最灵。形既生矣，神发知矣，五性感动，而善恶分，万事出矣。圣人定之以中正仁义而主静，立人极焉。故圣人与天地合其德，日月合其明，四时合其序，鬼神合其吉凶，君子修之吉，小人悖之凶。故曰："立天之道，曰阴与阳。立地之道，曰柔与刚。立人之道，曰仁与义。"又曰："原始反终，故知死生之说。"大哉《易》也，斯其至矣。

　　潘兴嗣一口气读完后，顿觉周身上下有一种酣畅淋漓之感。《太极图说》的第一节言天地万物之造化；第二节言人立于天地之间当如何遵循自然法则，以合天道，可谓字字珠玑。潘兴嗣意犹未尽，一边默诵，一边在书房里踱步。

潘兴嗣突然双手一拍，对马诚说："去，快去把周茂叔叫来！"

马诚颇感为难："先生尚在睡梦之中。此时叫他……"

潘兴嗣袍袖一抖："怕什么？就说我到了，他不会责怪你的。"

马诚正欲去叫周敦颐，突然传来周敦颐的声音："延之啊，你来了也不提前相告。"

话音刚落，周敦颐已站在两人的身后。

"先生不是在睡觉吗？"马诚甚感意外。

"我在睡梦中听到延之在大声诵读，哪里还睡得着。"周敦颐道。

潘兴嗣拍着周敦颐的肩膀："还以为周茂叔早将我这老友忘得一干二净了。"

周敦颐笑道："哪里敢忘啊。听说延之已经辞官，为何？"

潘兴嗣道："我在调任德化尉那年，去拜见江州刺史，原以为他与我有同乡之谊，会善待我，他却高高在上。我向他施礼，他坐在那里不但不回礼，连正眼都不看我。我一怒之下将官辞了。回来后在豫章城南建了房子，每日以读书为乐，倒也落得个清闲自在。"

周敦颐感慨道："这么多年过去了，延之的性情倒是一点也没变。"

潘兴嗣拉住周敦颐的手："我的事不值一提，茂叔兄快跟我说说，怎么会想到写《太极图说》？"

周敦颐吩咐马诚去备些酒菜，然后对潘兴嗣道："延之可还记得，我们在舅舅府上挑灯夜读的日子？"

潘兴嗣："当然记得。我们还无数次地争论过天地万物的由来。"

周敦颐："此事困扰我多年，只不过今日才写下来。"

潘兴嗣："茂叔兄才高志远，小弟佩服！"

周敦颐："延之过誉。你难得来一趟南安，既然来了，定然要多留些时日。"

潘兴嗣："平时里我闲散惯了，喜欢到处走动。这次正好路过南安，知道茂叔兄在这里，就临时决定来了，也不敢叨扰太久，明日就走。"

周敦颐："这么匆忙？"

潘兴嗣："以后想来，就会来。前段日子约了介甫，在他赴京之前，说好与他在临川相见。介甫性子急，见我久不去，会迁怒于我，哈哈。"

周敦颐笑道："既然如此，我也不便留你，见到介甫，就说我还记得他。"

潘兴嗣忙道："你不说，我差点忘了，介甫自从在鹤林寺和茂叔兄晤谈之后，数次与我谈及兄的才学。这世上骄傲如介甫者，却唯独对兄另眼相看，实属难得。"

两人边走边说，来到官舍的一处雨亭。在亭内的石桌上，马诚已将酒菜摆好。亭旁的一株石榴树结满了石榴，其中一颗最大的石榴已经裂开，如同张嘴而笑一般，一眼就能让人看到那晶莹剔透的石榴籽，它一颗颗镶嵌在粉红的果肉之中，煞是好看。

周敦颐和潘兴嗣相对而坐，两人边饮酒，边聊，雨亭里不时响起两人爽朗的笑声。这一刻，仿佛一下子回到了从前。

周敦颐、潘兴嗣边走边说，来到官舍的一处雨亭。

不以属吏遇之

这年冬天，在转运使王逵的推荐下，周敦颐升任湖南郴县县令，这也是周敦颐为官生涯的第一次升迁。

在离开江西启程前往郴县这天，周敦颐乘坐的马车刚刚出城，棉籽般的雪粒就开始在地上蹦跳。缓缓行进的车轮碾压在崎岖的土路上，发出吱吱呀呀的响声。

出城没多久，马诚见前面的凉亭有人候在那里，他仔细一看，是程颢和程颐。兄弟二人是专门来给先生送行的。师徒三人临别之际自然有不少话要说。想到此去山高路远，周敦颐将自己平时的讲稿送给兄弟俩作为纪念。

郴县是郴州州府的首县，也就是州府所在之地。周敦颐到任后见此地学习的风气不浓，就想将自己在卢溪和南安积累的办学经验在郴县推广。他的想法很快得到知州李初平的支持。李初平虽乃一介武夫，但对有学识的人却青睐有加。在学堂旁听了一堂课之后，他对周敦颐的才学极为欣赏。从此不再将周敦颐视为自己的下属，而是像老师一样敬重。

有一天，满头白发的李初平找到周敦颐，很坦诚地问道："周县令，老夫行伍出身，领兵打仗尚可，可叹学识浅薄。近日听先生讲学，有求道之志，又担心自己年事已高，不知是否还来得及？"周敦颐见他求学心切，答道："若知州诚心求道，下官愿意给您讲解。"李初平闻言喜出望外。自那以后，周敦颐不管如何忙碌，每天都会抽出一些时间，单独为李初平讲解。

为表达自己诚心向学之心，李初平在听讲之前，都要先沐浴净身，然后毕恭毕敬地向周敦颐施以大礼。

马诚忍不住问周敦颐："知州身居高位，又

年长先生许多，却主动向先生行礼，岂不有违常理？"

周敦颐道："我欲阻止，可知州执意如此。"

马诚又道："或许在李知州看来，求学更甚于为官？"

周敦颐道："知州大人敬我，实则是崇学敬道啊。"

听周敦颐这样一说，马诚恍然大悟。

一年后，正当李初平在学业上大有长进的时候，却因为身患疾病，不治身亡。李初平虽为知州，因平时廉洁奉公、济弱救贫，家里并未留下什么余财。李初平死后，因其子年幼，周敦颐不仅承担了李初平的身后事，还经常用自己不多的薪俸接济李家的孤儿寡母。

皇祐二年（1050），周敦颐在郴县任职已满四年，改任桂阳县令。按朝廷惯例，满三年就应改任，这次超期是朝廷在官员调动上的个例。皇祐四年（1052），范仲淹病死在前往颍州的途中。周敦颐闻讯后为之痛哭不已。周敦颐虽和范仲淹在鹤林寺只有一面之缘，也无过多思想上的交集，但范仲淹忧国忧民的赤子之心和不媚权贵的高尚情操，一直为他所仿效。

在桂阳任县令的第三年，周敦颐秉公执法、治学育人的贤名已在朝中传扬。在朝中诸公的力荐下，周敦颐获得了大理寺丞的京官头衔。

至和元年（1054），三十八岁的周敦颐由桂阳县令改任南昌知县。依宋制，以京官头衔出任知县的，其官阶比县令略高。

南昌与分宁同属洪州，因周敦颐在分宁曾"一讯立辨"，南昌的百姓有的为之喜，有的为之惧。善良的百姓喜的是从此有冤可诉，不再担心受人欺凌。这位周知县的到来，对于那些尚未犯事却蠢蠢欲动的人来说，也是极大的震慑。

由于周敦颐到南昌后雷厉风行，一些冤案得以昭雪的同时，与冤案有关的罪犯也得到了应有的惩治，因此得罪了一批权贵和小人。这些人不相信周敦颐真的两袖清风，就派人暗地里寻找他的把柄。

这一次，机会终于来了。周敦颐因连日操劳突然病倒在床，周敦颐对马诚说了一句"速请延之"，然后就不省人事了。没过多久，前来探望病情的人络绎不绝，这其中有怀着感念之心前来探望的平民百姓，有出于关心的官员，也有别有用心的人。马诚一个人守在病榻前，急得团团转。直到潘兴嗣闻讯赶来，马诚才稍稍松了一口气。

潘兴嗣见一群人径直走到周敦颐的官舍里翻检起来。在众目睽睽之下，凡是能藏匿物品的家什都被他们翻了个遍。直至翻到一个破旧的箱子，才翻出几百文零钱。在场者目睹了这一过程，叹服之余，莫不感到羞愧。潘兴嗣让那群探望周敦颐的人将带来的礼品悉数带走。

一日一夜之后，周敦颐才从昏迷中苏醒过来。马诚将此前发生的事告诉周敦颐，周敦颐紧紧握住潘兴嗣的手："知我者，延之也。"

周敦颐在病倒时已预感到有人会带着礼品过来，一旦收下这些礼品就会落人口实。周敦颐怕马诚一个人无法处理，才要他请潘兴嗣过来。这说明周敦颐相信潘兴嗣能将这件事处理好，而潘兴嗣也坚信周敦颐为官清廉才没阻拦那群人。

周敦颐说过的话在马诚耳畔回响：万物之所

以"造化生生"，莫不以诚为本。后来又在学堂上听周敦颐向众人讲解，继而懂得诚乃五常之本、百行之源。跟了周敦颐这么多年，他在周敦颐身上看到了一个"诚"字，因此在心里对周敦颐愈加钦佩。

嘉祐元年（1056），病体初愈的周敦颐以太子中舍签书署合州（今四川合川县）判官，离开南昌前往合州任职。

走的这天，南昌城里风雪交加。周敦颐和马诚乘坐的马车刚出城门不久，马诚发现车后有一人快马加鞭追了上来。

骑马追来的是周敦颐的好友任大中，他是专程赶来为周敦颐送行的。任大中专门写了一首诗送给周敦颐：

一帆风雪别南昌，路出涪陵莫恨长。

绿水泛莲天与秀，蜀中何处不闻香。

世有斯人软

1

　　从南昌前往合州路途遥远，途中要经过龙昌峡。龙昌峡位于沂峡至秭归之间，周敦颐对其风景之美早有耳闻。周敦颐来了兴致，特地邀请庐陵的蒋概和洪崖的彭德纯乘舟而行，同游龙昌峡。

　　龙昌峡的景观果然独具特色。舟行峡中，水道逶迤绵延，如穿越重门。抬头只见两岸峭壁耸立，层峦叠嶂，悬棺栈道隐现其间。近处则碧水深潭，飞瀑流转，甚是壮观。至十一月，周敦颐顺利抵达合州。

　　在周敦颐前往合州之前，马诚受命回到开封

去接陆氏。周敦颐到任后，陆氏也到了合州。

嘉祐二年（1057）正月，周敦颐写了一篇《吉州彭推官诗序》。在评介彭推官的诗作时，将自己从分宁到洪州再到合州任职的经历作了详尽的记录。同年，陆氏的兄弟陆丞在遂宁任职期满，准备自小溪东归，回京述职。他沿着涪江而下，顺路到合州探望姐姐、姐夫。

周敦颐的长子周寿出生后，四十一岁得子的周敦颐一边处理诸案文移和驻军事务，一边享受着与妻儿在一起的天伦之乐。此外，他还与合州的乡绅、文人志士和学子们多有交往，日子过得舒适而丰盈。陆丞见姐夫一家其乐融融，大为宽心。

在交谈中，陆丞无意间提到遂宁出了一个名叫傅耆的神童。傅耆年仅十四岁，周敦颐想到自己收二程为徒时，二程也正是这般年纪。出于爱才，周敦颐给傅耆写了一封信。

少年傅耆接到周敦颐的信之后大喜过望。周敦颐此时已名满天下，傅耆没想到自己会被这样一位师长看重，心里既忐忑又倍感兴奋，立刻给周敦颐回了一封信，以表达自己的惊喜和仰慕之情：

> 执事以济众为怀，神所劳赉（jī），故得高士与施至术，而心朋远寓名方，岂不盛哉！贱子闻之，弗胜喜蹈。

这封信的意思是说，先生为政处事向来以关爱众生为念，这是上天的眷顾。像先生这样的开山祖师拥有博大精深的思想，在蒙受先生的教诲后许多同道得以名扬四方。像我这样的无名小辈竟然也能得到先生的垂爱，怎不让人高兴得手之舞之足之蹈之呢。

第一封信刚发出，傅耆意犹未尽，又写了一封。这封信表达了傅耆在读到周敦颐文章后的个人心得，警示自己不要沉溺于世俗的功利，而将圣贤之道弃之不顾。

在接到周敦颐的回信后，傅耆再也按捺不住自己激动的心情，直接来到合州拜周敦颐为师。傅耆在合州当面向周敦颐求教的这段时间，目睹了周敦颐的为官风范，感受到了他的学术魅力。回到遂宁后，傅耆写了《和周茂叔席上酬孟翱太博》一诗："升堂听高论，惟愁日景促。经义许叩击，诗章容往复。"这首诗描述了周敦颐升堂讲学时的情形，也表达了自己在受教时的感触。尤其是对周敦颐自由、开放的教学风格念念不忘。

周敦颐将他解说《周易》中姤（gòu）卦的文章《姤说》寄给傅耆。傅耆读后，马上给周敦颐回了一封信。他在信中说道："蒙示《姤说》，意远而不迂，词简而有法，杂之《元结集》中，不知孰为元孰为周也？"傅耆将信寄出后，又将《姤说》拿给自己的好友卢次山看。卢次山读后也大为惊叹，认为周敦颐的文章词深意密，堪比孟子。

陆丞回京后，周敦颐的夫人陆氏因高龄产子，身体日益虚弱。严重时，陆氏常深夜从恶梦中惊厥坐起，然后满头大汗，她进食越来越少，身形也日渐消瘦。周敦颐四处托人给陆氏看病，陆氏的身体却每况愈下。陆氏病逝时，周寿不过刚满周岁。陆氏的去世令周敦颐万分自责，一想到自己因政务繁忙而长期冷落陆氏，而陆氏却从无怨言，他就悲悔不已。

这一年，周敦颐的弟子程颢考取进士，他自己也由太子中舍签书转升殿中丞，官居五品，仍任合州判官。

2

春节将近，天一亮就有几只灰喜鹊在庭前的树上喳喳喳地叫个不停。

周敦颐一早起来，穿戴好以后，他准备去外面走走。周敦颐正要出门，却听到门外有人在叩击门环，随即就听到"先生，先生"的喊声，声音十分洪亮。听声音周敦颐知道是张忠范来了。

张忠范一直视周敦颐为老师。张忠范在嘉陵江东岸的学士山上有一座私家园林，曾与周敦颐共同商讨兴办州学之事，周敦颐请张忠范主持学政，广招学生。周敦颐除了亲自授学之外，还负责邀请天下名士前来讲学，讲学的地点就是张忠范的私家园林。张忠范这次来是因为在学士山修建的一座八角亭，特意过来征求周敦颐的意见。周敦颐提了些建议，还答应他等八角亭修建好之后再去参观。

在张忠范走后不久，马诚又过来通报，说是夔（kuí）州观察推官蒲宗孟到了合州，此时已在门外候着。

蒲宗孟乃四川阆（liàng）州人，字传正，皇祐五年（1053）进士及第，比周敦颐小五岁。他对周敦颐仰慕已久，这次正好利用回家省亲的机会，来拜见周敦颐。

周敦颐出门相迎。蒲宗孟见来迎接之人头戴一顶三山帽，褒衣博带，步履不疾不徐，神色清明，知是周敦颐无疑。

蒲宗孟赶紧趋前施礼："在下夔州观察推官蒲宗孟，特来拜见。"

周敦颐见蒲宗孟长相俊朗，气质儒雅，心生好感。回礼道："本官有失远迎，蒲观察有请。"

这次会见，两人一见如故。通过面对面的交谈之后，他对周敦颐的学识和人品有了更深入的了解。蒲宗孟由衷感叹道："世有斯人欤！"

一连几日，两人相谈甚欢，几乎是无话不谈。在得知周敦颐的原配陆氏已于不久前去世，蒲宗孟马上想到自己的六妹尚待字闺中。蒲家六妹才貌双全，眼界甚高。眼前正好有一位足以匹配六妹的大才子，仿佛上天早已将这段姻缘安排好了似的，想到这里，蒲宗孟便将六妹向周敦颐作了介绍。周敦颐听了蒲宗孟的描述，欣然表示同意这桩婚事。

蒲宗孟回到阆中后，如实将拜见周敦颐的情况说与六妹，没想到这一次六妹当即点头应允。家中父母正为此女的婚事发愁，听此喜讯，赶紧为宝贝女儿张罗嫁妆，只等周敦颐来娶。

嘉祐五年（1060）春节刚过，周敦颐就带着聘礼如约前往阆中。船至蓬州舟口镇时，当地学子听闻周敦颐要来，早在江边码头守候。周敦颐的船一靠岸，就受到学子们的热烈追捧。周敦颐在舟口一连讲学三日，他针对学子们的学业程度，对优秀者，他阐释天地性质的由来；对于资质平庸者，他从伦理秩序入手，讲解为人处世的大义。

回到合州后，蓬州仍有不少学子来到合州向他求教。

蒲氏果然如其兄长所说，不仅端庄秀美，而且善解人意，虽为周敦颐的继室，却待周敦颐的长子周寿如同己出。在蒲氏的勤勉操持下，周敦颐的家里继陆氏后又重新焕发出新的活力。

周敦颐的父亲周辅成的第一任妻子去世后，由周敦颐的舅舅郑向做媒娶了他的母亲，如今周敦颐的第一任妻子陆氏去世后，又是妻兄郎舅做媒娶了蒲氏。周敦颐不禁暗自感叹道："若非天地之间的造化，人的命运又岂能如此？"

3

合州属梓州路管辖，梓州路转运使赵抃是周敦颐的顶头上司。此人为政善于根据具体情况做出决断，他的喜怒从不轻易表现出来。在看待人的问题上他有一个原则：小人犯错，即使是小错也绝不放过；君子若有过失，则要尽量保全。

赵抃在前往合州视察之前，听信了一个人的

谗言，误以为周敦颐只是一个沽名钓誉的小人。因此在合州见到周敦颐之后，仅凭偏见就当面对周敦颐予以训诫。周敦颐始料未及，心里明知是小人在背后贬损，也不为自己辩白，反倒处之泰然。

周敦颐还是像往常一样，政教两不误。在政务上，亲力亲为；在教学上，培养学子上千人。

这天，在张忠范的陪同下，周敦颐如约来到学士山。

已经完工的八角亭位于学士山的山顶，为木质结构的重檐楼阁，亭身呈八边形，共三层，每层八方各开有一窗。学士山地处嘉、涪、渠三江汇合之处，在亭楼上放眼望去，山林耸峙，群鸟翔集，美不胜收。

周敦颐边走，边对张忠范赞叹道："真是个读书养心的好地方。"

张忠范听周敦颐这样说，心里一动："既然先生都说这是个读书养心的好地方，此亭不如就叫作'养心亭'如何？"

周敦颐含笑点头："好，'养心亭'这个名

字好。"

得到了周敦颐的肯定后，张忠范心里大喜，哪里肯放过机会，赶紧恳求道："此亭刚建成，还请先生赋文以记，弟子当全文刻录，立碑于亭前。"

周敦颐虽然没有立即答应张忠范，但还是将此事放在了心上。

在离开合州后没多久，周敦颐就差人将写好的《养心亭说》送到张宗范的手中。张宗范读后如获至宝，请合州城最好的工匠将全文刻于石碑之上：

孟子曰："养心莫善于寡欲。其为人也寡欲，虽有不存焉者，寡矣；其为人也多欲，虽有存焉者，寡矣。"予谓养心不止于寡焉而存耳，盖寡焉以至于无。无则诚立、明通。诚立，贤也；明通，圣也。是圣贤非性生，必养心而至之。养心之善有大焉如此，存乎其人而已。

张子宗范有行、有文，其居背山而面水。山之麓，构亭甚清净，予偶至而爱之，因题曰

"养心"。既谢，且求说，故书以勉。

在这篇《养心亭说》中，首先提出了修养至圣的观点，周敦颐认为圣人从来就不是天生的，而是得益于后天的修养，从而否定了天纵圣人的思想。其次是将孟子的"寡欲"绝对化了，周敦颐认为，修身养性光是寡欲还不够，最好是达到无欲的境界。"无欲"之说虽为后世所诟病，但周敦颐对欲望的轻视由此可见一斑。

石碑刻好后，张忠范将它立在亭前。然后一个人久久地伫立于石碑前。张忠范向东望去，蓝天白云下，他仿佛看到一代宗师伟岸的身影。

连语日夜

此时的北宋，正处于内忧外患之际。朝廷大兴科举，采取恩荫制，加上奉行笼络政策，导致官僚机构日益臃肿，官员多恋贪权势；在宋初的"养兵"之策和"更戍法"的推动下，已逐渐形成庞大的军事体系，兵虽多，然不精，不利于对外作战；军队和官员的激增，再加上大兴土木，朝廷财政入不敷出。财政上的亏空又迫使朝廷不断增加赋税，从而给民众带来沉重的负担。

嘉祐六年（1061），周敦颐自外放以来第一次进京。还在途中的时候，周敦颐就跟同行的马诚提到了两个人：一个是已有二十多年未见、时任提点江东刑狱的王安石，听说他已在一个月前到了开封；另一个则是自己刚刚进士及第的弟子傅耆。

这次进京，一路上的所见所闻再加上进京后的诸般感受，使周敦颐认识到大宋江山有一股陈腐之气正在蔓延，不由得忧心忡忡。自范仲淹变法失败之后，周敦颐更多的是将兴国安邦的希望寄托在年轻人身上。

周敦颐述完职后第一个遇见的人就是王安石。王安石变化很大，要不是他一眼认出周敦颐，周敦颐不见得就能确定站在自己跟前的人就是当年的王安石。此时的王安石已有三十九岁，本应是意气风发的年龄，却面色沉郁，愁眉不展，似有很重的心思。在认出周敦颐时，王安石喊了一声"茂叔兄"，然后呆呆地站在那里。直到周敦颐喊出"王刑狱"，王安石突然上前一把拽住周敦颐的手："茂叔兄不必拘泥于官场的称谓，唤我名字就好。"

王安石将周敦颐带到自己暂住的馆舍。刚一落座，就将自己目前的处境告诉周敦颐，周敦颐这才知道王安石是被召入京，现任三司度支判官。因此前上万言书未获采用，本不愿待在京城，又上书时任宰相的富弼，只求一悠闲之所，却未能如愿，不得已只好留在开封。王安石道："没想到今日茂叔兄会来，小弟正有要事讨教。"

周敦颐问道："介甫莫非是心有所忧？"

王安石闻言一惊："茂叔兄真乃神人也，如何知道小弟心有所忧？"

周敦颐道："若没有猜错，介甫之忧与范大人之忧一样。"

范仲淹在其《岳阳楼记》中有"居庙堂之高则忧其民，处江湖之远则忧其君"之句。想到这里，王安石叹道："茂叔兄如此说，小弟也就不再隐瞒，小弟想效法范大人'先天下之忧而忧'，亦同范大人一样，有变法强国之心，可叹位卑权轻，无非是徒有壮志而已。"

周敦颐道："介甫既有此心，何愁英雄无用武之地，只是时机未到罢了。"

王安石何等睿智，一下听出周敦颐这句话既是在安慰他，又是在支持他变法，原本紧蹙的眉头一下子舒展开来："茂叔兄可知小弟将如何变法？"

周敦颐道："看来介甫已胸有成竹，愿闻其详。"

王安石清了清嗓子道："小弟以为，新法当分为富国之法、强兵之法、取士之法，这三法再行细分……"

周敦颐突然问道："可有安民之法？"

王安石一顿，马上点头道："有富国之法，自然就有安民之法。"

见周敦颐不语，王安石一边说，一边拿起桌上的茶杯、碗、筷子、酒壶，比划起来。王安石把他构想中的青苗法、募役法、方田均税法、农田水利法、市易法、均输法等与民生息息相关的细则一一道来。

极自信的王安石越说越兴奋。周敦颐倒是格外冷静，他对王安石的变法之志极为赞赏，可也感觉到变法会有隐忧。从王安石所述的新法来看，尚不够周全，推行起来肯定会有意想不到的难度。再者，变法如同打仗，若是成功，大宋自然会有一番新的气象。倘若失败，其后果将不堪设想。但同时他也相信王安石既然志在变法，就一定有这方面的心理准备。

聊完新法之后，王安石特意提到周敦颐的《太极图说》和《通书》。尤其是《太极图说》，王安石竟然能一字不漏地背诵下来。周敦颐这才想起上次潘兴嗣去见王安石的事，定然是他将《太极图说》和《通书》告之王安石的。难怪那天潘兴嗣在临走之前，特意将《太极图说》和《通书》抄录了一遍带在身上。

"茂叔兄的《太极图说》言宇宙之本源、阴阳五行之演绎、天地万物之造化，又以天地之道言立人之道。兄之《通书》更是将立人之道悉数道来，小弟受益匪浅。茂叔兄之学说清远高深，光如日月。"王安石由衷赞叹道。

周敦颐没想到王安石对自己有如此高的评价，但他能明显感受到王安石在说这些话时的坦诚，他感动地说："介甫潜心经学，又胸怀宏图大志，在下自叹弗如。"

两人在馆舍内连语日夜，如享思想盛宴。这次会面对于王安石而言意义格外重大。一是王安石对周敦颐的学问和人品有了更深的认知；二是他意识到了新法在安民方面尚有不足，亟待完善；三是周敦颐的学说与他的认知虽有颇多相似之处，但自己不如周敦颐的思想深刻。

周敦颐辞别王安石，回到住处后，周敦颐将一张手书的名刺交给马诚。马诚一看，名刺上写着："从表殿中丞、前合州从事周敦实，专谒贺新恩先辈傅弟，三月十二日手谒。"马诚甚是费解，他问道："傅耆乃先生的弟子，虽新科及第，无论其年龄、学问、资历皆远不及先生，先生为何对他这般恭敬？"

周敦颐道："傅耆是我的弟子，如今他新科及第，正是人生中最得意的时候。作为先生，我更应该提醒他，以后身在官场应时刻不忘礼数，凡事恭谨，才不会行差踏错。"

马诚听了，不由长长地"哦"了一声，这才拿着名刺去见傅耆。马诚刚出门，傅耆就不请自来。

师徒自合州初见后，再次相见已时隔五年。这一次，周敦颐没有跟傅耆谈论学问，而是将自

周敦颐、王安石两人在馆舍内连语日夜。

己多年为官的心得体会和盘托出。

　　这次进京述职，周敦颐升迁至国子监博士，以国子监博士的头衔通判虔州。

今日乃知周茂叔

　　在前往虔州的路上，周敦颐见马诚无暇欣赏沿途的美景，总是一副无精打采的样子，以为他有什么心事。直到快进入虔州的时候，马诚突然问道："先生这次去虔州，难道一点也不担忧？"马诚这一问，一下将周敦颐给问住了："有何担忧？"马诚道："先生难道不知道赵抃也到了虔州？"

　　周敦颐当然知道赵抃现在是虔州的知州，也是他这个新上任的通判的顶头上司。想到自己在合州时，赵抃曾不分青红皂白训诫过他，周敦颐立马反应过来："原来你是担忧这位虔州知州会为难我。"

"先生真的不担忧？"马诚神色紧张地望着周敦颐。

周敦颐哈哈大笑，反问道："赵知州若真要为难我，担忧又有何用？"

虔州是个管辖十县的大郡，周敦颐以前管辖的区域自然不能与之相提并论。主仆二人在前，家眷在后，一进入虔州，城内繁华的商业气息即扑面而来。虔州的大街上人头攒动，店铺林立，商品令人眼花缭乱。

马诚赶着马车缓缓而行。周敦颐掀开车窗往大街上望了望，然后又端坐车内闭目养神。

马车快行至虔州州府门口时突然停了下来，周敦颐的身子随之剧烈一晃，他睁开眼，问道："何故停车？"

"先生，前面有辆马车挡在路的中间。"马诚答道。

"让他们先过去。"周敦颐道。

"先生，不能让，我看对方是故意挡在中间的。"马诚的语气里有几分不满。

周敦颐掀开车窗的帘子，望了望，看到对面

的马车丝毫没有让开的意思，只好下车。谁知对面车上也下来一人，周敦颐定睛一看，竟然是赵抃。马诚也一眼认出了赵抃，心顿时揪了起来，他不知这个赵抃又将如何为难周敦颐。

正当马诚感到极为不安的时候，赵抃一脸和善迎了上来，没等周敦颐回过神来就一把拉住他的手："本官从前行事鲁莽，还望周茂叔见谅。"

原来，赵抃接到官文得知周敦颐要来虔州任通判，暗中对周敦颐作了一番详尽的调查。结果赵抃发现周敦颐每到一处都尽职尽责，不仅为官清正，在教学育人上也是很有一套，深得当地百姓的爱戴。赵抃这才悔悟当初不该听信小人的谗言，差点错怪了一位德才兼备的好官。

周敦颐没想到赵抃会亲自前来迎接，还当面向他道歉，心里反倒有点过意不去："知州大人言重了，下官愧不敢当。"

赵抃哈哈一笑："周茂叔乃真君子，本官这次来，还请周茂叔赏脸到府上喝一杯，算是赔罪。"

不容周敦颐推辞，赵抃就将他拉上自己的马车。

"发生了何事？"蒲氏从后面的那辆车里探出头来。

马诚赶紧回道："夫人，刚才赵知州请先生去他的府上论事，要小的护送夫人和公子先回官署。"

赵抃将周敦颐请到府中后，两人开怀畅饮，相谈甚欢。事后，赵抃还特意为此写了一首《次韵周茂叔国博见赠》。收到赵抃的赠诗后，周敦颐感动于赵抃将两人从初识到相知的过程坦诚道来，字里行间又尽显大家风范，从此他将赵抃视为知己。在两人的共同治理下，虔州也开启了"岁丰无盗，狱冷无冤"的太平模式。政务之余，两人要么讲学于清溪书院，要么结伴寻山访水，诗词唱和，关系甚是亲密。

一次，两人同游虔州名胜马祖山，尽兴而归之后赵抃以"同周敦颐国博游马祖山"为题，又赋诗一首相赠。周敦颐收赠诗时，正值次子周焘出生。他在家里一边哄着襁褓中的周焘，一边一遍又一遍地诵读这首诗。正在坐月子的蒲氏见此情形，不由感叹道："有上司如赵抃者，世上仅此一人。"周敦颐连连点头，认为夫人说得在理。

两年后，赵抃被召回京城。周敦颐携家人一直将赵抃送至虔州边界的万安镇香城寺。周敦颐为此写下了《香林别赵清献》一诗：

公暇频陪尘外游，朝天仍得送行舟。

轩车更共入山脚，旌旆（pèi）且从留渡头。

精舍泉声清瀔瀔（guó），高林云色淡悠悠。

谈终道奥愁言去，明日瞻思上郡楼。

赵抃调离后，虔州知州的位置一时空缺，周敦颐只好以通判之名负责全州的政务。

收到周敦颐寄来的诗时，已身在京城的赵抃顾不得诸事繁杂，举着诗稿一路快跑，直奔自己的书房，然后挥毫写下：

顾我入趋岩阙去，烦君出饯赣江头。

更逢萧寺千山好，不惜兰船一日留。

清极到来无俗语，道通何处有离忧。

分携岂用惊南北，水阔风高万木秋。

赵抃的深情酬唱由快马送至虔州，周敦颐读后感动得泪流满面。他和赵抃，两个惺惺相惜之人，一个南留，一个北去，从此天各一方。

《爱莲说》

嘉祐八年（1063）农历三月，宋仁宗驾崩。四月初一，曹皇后发布遗诏，宋英宗登极。周敦颐升任虞部员外郎，仍通判虔州。周敦颐的父亲周辅成则被追封为父爵郎中。到了五月，周敦颐的长子周寿也被恩荫为太庙斋郎。

这天，于都县令沈希颜登门拜见。马诚以为他也是前来道贺的，颇感为难："沈县令，我家先生特地吩咐在下，凡是前来道贺的一律不见。沈县令还是请回吧。"

沈希颜听了，双手一摊："你看本官这个样子，像是前来道贺的吗？"

马诚见沈希颜两手空空，的确不像是来道贺

的，但他还是有点不放心："沈县令既然不是为道贺而来，可有其他要事？"

沈希颜道："本官知道周通判政务繁忙，若无要事，也不便前来叨扰。"

马诚听沈希颜这样一说，赶紧进去通报。

周敦颐听说是于都的沈希颜，马上想到正月初七的罗田岩之行。周敦颐在县令沈希颜、余杭钱拓等人的陪同之下乘兴而游，他还写过一首《同友人游罗岩》的七言绝句：

闻有山岩即去寻，亦跻云外入松阴。

虽然未是洞中境，且异人间名利心。

之后，沈希颜隆重邀请周敦颐在于都讲学。当时周敦颐因政务上脱不开身并没有答应，事后心里还有点过意不去。

令周敦颐没有想到的是，沈希颜在罗田岩善山修建的一座叫濂溪阁的书院已经完工，还在山顶修了一座高山仰止亭。沈希颜特意登门拜访，除了请周敦颐前去讲学之外，还有另外一个请求，他想请周敦颐为刚刚落成的濂溪阁撰文。

面对沈希颜的一片诚意，周敦颐这次欣然答应。送走沈希颜之后，周敦颐原本想根据沈希颜的请求以濂溪阁为题撰文。再想时，周敦颐又觉得不能很好地表达自己此时的心境。思来想去，周敦颐决定以莲为抒写对象。周敦颐从小爱莲，从楼田村到衡州，再从鹤林寺到江西，他所到之处无不有莲相伴。莲已成为周敦颐生命中无法割舍的一部分。

虔州的莲花正是碧叶叠举、含苞待放的时候。周敦颐由莲及人，一挥而就，写下了天下闻名的《爱莲说》：

> 水陆草木之花，可爱者甚蕃（fán）。晋陶渊明独爱菊。自李唐来，世人甚爱牡丹。予独爱莲之出淤泥而不染，濯（zhuó）清涟而不妖，中通外直，不蔓不枝，香远益清，亭亭净植，可远观而不可亵玩焉。
>
> 予谓菊，花之隐逸者也；牡丹，花之富贵者也；莲，花之君子者也。噫！菊之爱，陶后

鲜有闻；莲之爱，同予者何人？牡丹之爱，宜乎众矣！

《爱莲说》全文不过百余字，以莲之禀性比喻高洁的人格，字字有灵，恰如莲之绽放，光彩照人。

沈希颜收到《爱莲说》后欣喜若狂。五月十七日，沈希颜请来好友钱拓、王抟，将自己亲自抄写的《爱莲说》交给两人，由王抟篆额，钱拓将文章临写于摩岩石上，再由工匠刻石。濂溪阁前自从有了这块石碑后，众人争相传诵。

英宗治平元年（1064）冬，虔州突发大火，上千家民房毁于一旦。火灾发生时，周敦颐正在下面的属县巡查。得此消息后，周敦颐一刻也没有停留，等他连夜赶回虔州时，大火已经熄灭。这次事故他虽然不在虔州，因身为虔州的主政官员，责任自然难免。赵抃闻讯后，与朝中一些了解周敦颐的官员如韩魏公、曾鲁公等一起向朝廷力保，周敦颐才免于革职，只是移调永州，仍为通判。

周敦颐由莲及人，一挥而就，写下了天下闻名的《爱莲说》。

这是周敦颐为官生涯中发生的唯一一次事故。有很长一段时间，周敦颐都沉浸在自责中，对自己的仕途也有点心灰意冷。

寄乡关故旧

1

周敦颐一家刚到永州，他的侄儿周仲章就从楼田村赶到了州衙。周仲章是周敦颐同父异母的哥哥周砺所生，他带来了家乡父老对周敦颐的问候，同时也替人传达了想通过周敦颐谋个一官半职的想法。

周敦颐留周仲章在家里住下后，深感自己所担心的事情即将发生，稍微处理不好，就会陷入两难的境地。周敦颐决定给家乡的父老写一封信，信中有言"来春归乡拜侍"，并随信附上一首《任所寄乡关故旧》：

老子生来骨性寒，宦情不改旧儒酸。

停杯厌饮香醪（láo）味，举箸常餐淡菜盘。

事冗不知筋力倦，官清赢得梦魂安。

故人欲问吾何况，为道舂陵只一般。

这首《任所寄乡关故旧》是周敦颐特意给家乡父老提的醒，他将自己的禀性和为官的准则在诗中写得十分清楚，其目的是为了打消家乡人想通过他谋求私利的念头。周敦颐将信和诗一并封好，交由周仲章带回。

治平四年（1067）三月一日，周敦颐如约携周寿、周焘归舂陵扫墓。去之前，周敦颐特意将一则事先拟好的官府移文交给马诚，让他随身携带。

时隔三十多年后，周敦颐回到了自己的出生地楼田村。此时正是春耕时节，楼田村里一片忙碌的景象。

楼田村的变化并不大，周家老宅仍完好无损，濂溪依旧流淌不息。往事皆历历在目。最令周敦颐感叹的是周兴，这位儿时常常护他周全的玩伴虽比他大不了几岁，却已满头银丝，好在身子骨还算硬朗。周兴在见到周敦颐的那一刻，止不住老泪纵横。周敦颐让马诚拿出官府移文，然后递到周兴的跟前，周敦颐将十余亩田地悉数移交给周兴，作为周兴常年看守周父墓地的酬劳。

这次故乡之行，周敦颐写下了《题门扉》一诗：

有风还自掩，无事昼常关。
开阖从方便，乾坤在此间。

很显然，周敦颐的底气来自于诗书的教化，也来自于大自然的启示。

楼田之行对周敦颐而言自然是不同寻常的，此时已年过五旬的周敦颐其实已做好了不再回来的打算。

2

周敦颐到永州的第二年，宋神宗即位，改治

平五年（1068）为熙宁元年。周敦颐被加封为尚书驾部员外郎，虽然他有了新的京官头衔，但实际官职却并未提高。

这天，周敦颐给侄儿周仲章写了一封信："递中得知先公加晋官阶，赠谏议大夫，家门幸事，汝可具酒果香茶诣墓前，告闻先公。"

信封好后，周敦颐将信交给马诚，要他发往道州。周敦颐见马诚欲言又止，便问道："是否有事隐瞒？"

马诚心里一慌，回道："小的只是听到了一些不利于先生的言论。"

周敦颐问道："有何言论只管说来，不需要隐瞒。"

马诚为难地说："先生不必放在心上。小的听到有官员在私下里议论，说先生嫉贤妒能，对身边的聪明人视而不见，反倒热衷于提拔那些笨拙的人。"

周敦颐淡淡地说了声"知道了"，然后埋头于自己的公务。马诚只好拿着信退了出来。

第二天一早，周敦颐将连夜写好的一篇文章

悬挂于通判厅前。这篇文章题为《拙赋》，全文如下：

　　或谓予曰："人谓子拙？"予曰："巧，窃所耻也，且患世多巧也。"喜而赋之曰："巧者言，拙者默；巧者劳，拙者逸；巧者贼，拙者德；巧者凶，拙者吉。呜呼！天下拙，刑政彻。上安下顺，风清弊绝。"

文章挂好后，出入通判厅的各级官员和小吏都忍不住驻足观看。

　　过了一段时日，马诚主动跑来告诉周敦颐："自从先生将这篇《拙赋》挂出去后，下面再也无人说先生的坏话了。非但如此，他们还对先生的这篇文章赞不绝口。"

　　周敦颐问道："你可知为何？"

　　马诚想了想道："那些惯于投机取巧的人，读了先生的文章当反躬自省。而那些看似笨拙实则诚实的人读了，则会对先生心存感激。"

　　周敦颐又问："为何诚实之人会心存感激？"

周敦颐的文章挂好后，出入通判厅的各级官员和小吏都忍不住
要驻足浏览一番。

马诚脱口而出："先生素来待人以诚，诚实之人定然视先生为知己。先生提拔那些诚实之人，是因为他们默默的付出得到了先生的肯定，他们又怎会不感激先生呢？"

诲诸生如亲子弟

　　邵州（今湖南邵阳）的官员们和部分百姓在城门口翘首以待，迎接代理知州周敦颐的到来。在永州任职两年后，周敦颐的官衔又发生了变化，其全称为：朝奉郎尚书驾部员外郎、通判永州军州兼管内劝农事、权发遣邵州军州事上骑都尉赐绯鱼袋。这个官衔由京官头衔、实职和代理职务组成。唐时，五品以上官员按等级在官服上佩金、银、铜鱼袋，翰林学士因为没有品阶不能佩戴。神宗皇帝改制，翰林学士改为正员官，让文官虚职也可佩戴鱼袋。

　　因一路颠簸，周敦颐一行临近中午的时候才出现在邵州的城门口。在未到邵州之前，周敦颐对邵州的情况多少有些了解。他知道邵州位于资江上游，资江自西南向东北流贯全境，雪峰山耸峙于西北，中间为丘陵盆地，东与衡州为邻，邵州人则淳朴好客，性情也大多刚烈，只是不知教化如何。

在众人的簇拥之下，周敦颐直奔州衙。刚落座，周敦颐就问道："邵州的州学建在何处？"

众官员面面相觑，有的在交头接耳，有的欲言又止，一个个神色慌乱。他们没想到这位新来的代理知州先不问政事，一开口就提州学之事，自然是始料不及。

"难道邵州没有州学？"周敦颐又问，神情变得严肃。

"就在州衙附近。"其中一个官员站出来答道。

"可否带本官前去看看？"周敦颐扫了众人一眼。

"周知州远途劳顿……何不改日……"

"就今日吧。"周敦颐说完，当即起身。

众官员无奈，道声"周知州请"，有的在前面引路，其他的则跟在后面。

邵州的州学位于州衙的左侧，一会儿的工夫就到了。周敦颐从未见过这样的州学，只见州学的两边是监狱和仓库，因地势低洼，阴暗潮湿，不仅过道狭窄，气味难闻，而且从仓库和监狱里还不断有喧闹声传来。

"州学的学官何在？"周敦颐皱着眉头问道。

"回禀知州，本州……本州衙并未设学官一职。"一个官员战战兢兢地答道。

周敦颐总算明白了，邵州的州学只是名义上有，实则如同虚设。其实从这些官员的神情中他早已猜到了八九分，只是没想到比自己想象的还要糟糕。

这次视察州学，周敦颐没有责备任何人，他一路想的是如何尽快将邵州的州学建立起来。

没过多久，周敦颐就在城外邵水河以东找到一片开阔地，这里很快成为他建立州学的最佳之地。考虑到州衙当时的财政状况，周敦颐广泛发动民众并得到积极响应，乡绅名流捐款捐物，平民百姓投工投劳。州学建成后，环境安静幽雅，室内宽敞明亮，教学设施齐备。跟以前的州学相比，有天壤之别。

神宗熙宁元年（1068）正月三日是迁新州学之日，周敦颐特意率州衙官员、文人学子、社会贤达及邵州百姓举行"释菜礼"，所有参加的人员均不着华服，将瓜果菜蔬摆上香案，以祭拜先圣孔子。祭拜现场，周敦颐亲自撰写并朗读对后世影响深远的《邵州迁学释菜文》和《告先师文》。如此隆重而又简约的迁学仪式震动了整个邵州。

周敦颐不仅亲自教学，还邀请周边其他州县的博学之士前来讲学，邵州顿时掀起一股尚学之风。周敦颐还派人在邵州州衙东北隅开挖水池种莲，水池取名"爱莲池"，池中建有拱桥，桥上修有小亭，名"爱莲亭"（后改为"君子亭"）。周敦颐经常带着学子们到此游览，给他们讲君子之道。有人因此感慨道："周知州教这些学子就像教自己的亲生儿子一样。"

在繁忙的政务和教学之余，周敦颐对《周易》的研读更为精进。他得知自己的弟子傅耆任嘉州平羌县的知县后，将几番改定的《同人说》再一次寄给他。傅耆读后马上回信道："蒙寄贶（kuàng）《同人说》，徐展熟读，较以旧本，改易数字，皆人意所不到处，宜乎使人宗师仰慕之不暇也。""同人"为《周易》六十四卦之第十三卦，与他在合州寄给傅耆的《姤说》一样，二者都是对《周易》中卦象的解说。

接到傅耆的回信这一天，爱莲池里的莲花开得正盛。周敦颐身穿便服坐在亭中，手里拿着傅耆的回信，嘴角不时露出微笑，一副怡然自得的模样。自周敦颐到邵州以来，马诚还是第一次看到他这样开心、自在。

这一年，经赵抃和吕公著联名向朝廷举荐，周敦颐被任命为广南东路转运判官。吕公著居宰相高位，与周敦颐素无往来，完全出于信任和责任。

巧的是，吕公著的推荐状被任集贤校理的蒲宗孟看到，当即全文抄录下来，寄给了周敦颐。吕公著的推荐状别具一格：

臣伏见尚书驾部员外郎、通判永州军事周

敦颐，操行清修，才术通敏，凡所临莅，皆有治声。臣今保举，堪充刑狱钱谷繁难任使。如蒙朝廷擢用，后犯正入己赃，臣甘当同罪。其人与臣不是亲戚，谨具状奏闻，伏候敕旨。

周敦颐读后甚是感激，在给吕公著的谢启中道："在薄宦有四方之游，于高贤无一日之雅……"以感谢吕公著对他的举荐。

熙宁元年（1068），周敦颐由代理知州升任为广南东路转运判官。路是宋代最高的地方行政机构，路设安抚使，转运判官是安抚使的属员，负责转输漕运事宜。

一个胸怀宇宙的人，在一个凡俗而又现实的世界里笃行苦修。眼看着在自己的治理下邵州的面貌焕然一新，而自己的两个儿子周寿和周焘也在一天天长大，周敦颐甚感欣慰。

不惮劳瘁

1

　　熙宁二年（1069），宋神宗任命王安石任参知政事，次年拜相，如愿以偿主持新法。眼看大宋即将开启新的篇章，周敦颐在感到心潮澎湃的同时亦有担忧。

　　果然如周敦颐所料，王安石的新法刚实施就遇到了阻力。新法的支持者吕惠卿、章惇、曾布、蔡卞、吕嘉问、蔡京、李定、邓绾、薛向等人只认死法，在新法推行中又过于急进，其中有些人甚至在人品上有缺陷，导致民怨纷起。而以司马光为首的保守派人才济济，如韩维、文彦博、欧阳修、富弼、韩琦、范缜、苏轼等，包括周敦颐的弟子程颢在内，都站在保守派这边。两派之争其本质并不是权力之争，而是对政策的争议，是对如何改革的争议。保守派对新法在实施过程中出现的问题甚为不满，新法虽有成效，却举步维艰。周敦颐作为一名地方官员，即使有意倾向于新法，也是爱莫能助。

熙宁三年（1070），已五十四岁的周敦颐以虞部郎中任广南东路提点刑狱，这是他一生仕途的顶峰。

上任没多久，周敦颐就偶有胸闷、腹胀之感。由于公务繁忙，周敦颐并没有当回事。

这天，周敦颐巡行到了端州（今广东肇庆）。端州境内盛产端溪石，因用端溪石制作的砚池"发墨不损毫"，书写流利生辉，而声名远扬，尤为文人雅士所珍爱。

经周敦颐派人明察暗访，得知知县杜谘（zī）利用职务之便，染指端溪石已经多年，人送绰号"杜万石"。其他官员竞相仿效杜谘，当地百姓怨声载道。

为了接待好周敦颐，杜谙特意在端州最有名的酒楼大摆宴席，命端州的大小官员作陪，席间还安排了歌舞助兴。周敦颐何曾见过这等场面，心想这个杜谙果然不简单。

众人在席间刚一落座，周敦颐就当着众人的面问杜谙："本官听闻端州盛产端溪石，杜知县可否介绍一二？"

杜谙见周敦颐一开口就提端溪石，心里暗自欢喜，当即拱手道："周虞部果然是见多识广！端州地处荒野，唯有这端溪石制成的砚台甚是好使，尤其是周虞部，理当配备上等好砚才是。"说完，杜谙使了个眼色，手下立马拿来两方砚台。周敦颐仔细一看，两方砚台各雕有一龙一凤，光从雕刻的线条来看，就知其坚实细润，果然是砚台中的上品。

杜谙在一旁不无得意地看着周敦颐，见周敦颐的目光像是被两方砚台给吸住了，不禁喜形于色："这两方砚台是下官特意为周虞部准备的，还望笑纳。"

周敦颐从座位上站起来，看了看满桌的菜肴

和神色各异的官员，低声道："杜知县如此铺张宴请本官，还送本官此等重礼，是何用意？"

杜谙没想到周敦颐突然会如此直接，一时有点慌乱："周虞部，下官若是招待不周，还请海涵。"

周敦颐道："杜知县如此招待，本官无福消受。杜知县既然不肯跟本官说实话，本官只好告辞，还请杜知县自重。"

周敦颐说完，起身就走。

杜谙心里一慌："周虞部请留步……"

周敦颐径直向门外走去。杜谙追到酒楼门口，见周敦颐头也不回，急得顿足捶胸，为自己刚才的弄巧成拙懊悔不已。

其实，杜谙对周敦颐为官的清廉早有耳闻，之所以如此安排，是想验证一下传闻是否属实。若是周敦颐接受了礼物，他就可以更加肆无忌惮，为所欲为。但令他没想到的是，这个周大人洞若观火，虽然没有当众揭穿他，言语之间却是充满了警告的意味。

这样一来，杜谙自然收敛了许多，端州的其他官员也是战战兢兢，见杜谙都有所顾忌，一时都不敢轻举妄动。

"先生，这杜谙所为实在可恶，先生当如何处置？"马诚见周敦颐迟迟没有采取措施，忍不住问道。

周敦颐想了想道："端溪石牵连甚广，本官若是参劾此人，只怕法难责众。"

马诚一听急了："先生总不会放任不管吧？"

周敦颐没有作声，而是陷入了沉思之中。他想到二十年前，素以镇贪治腐出名的包拯曾任端州知府。在包拯离任时，将别人送给手下的端砚怒沉江底，可到头来仍没有治理好端溪石的腐败。究其原因，不是包拯没有尽心尽力，而是没有从根本上解决问题。

马诚没有多问，他知道以周敦颐的禀性，自然不会对此事置之不理，周敦颐之所以迟迟不做决定，一定是还没有想出更稳妥的法子。

当天晚上，周敦颐奋笔疾书，将端州的情况一五一十上书朝廷，尤其是关于端溪石的开采。周敦颐除了说明其中的利害关系，还提出了自己的解决办法，请求朝廷颁发禁令。

没过多久，朝廷的禁令就到了端州，禁令明确规定："凡仕端者，取砚石不得过二枚。"此禁令一出，端州百姓拍手叫好。连官员自己使用都不能超过两枚，若想从中牟利就更不允许。杜谘等官员从此再也不敢打端溪石的主意，贪风顿息。

周敦颐任提点刑狱不到一年，踏遍了广东的十四个州。当时的广东被称为"荒涯绝岛"、"瘴疠之乡"，环境十分恶劣，外地人来此生活极不适应，周敦颐也因此大病一场，并从此落下病根。

2

周敦颐刚喝完蒲氏给他熬的汤药，正准备躺下休息一会。

马诚手里拿着一封信函，火急火燎地从外面跑了进来："先生，鹤林寺的方丈托人捎来一封信函。"周敦颐起身，接过马诚手中的信函。

马诚心想，他和先生离开鹤林寺这么多年，先生和鹤林寺的方丈早就断了联系，怎么突然会有信函来，看来一定有极为紧要的事。他见周敦颐将信函看完，脸色变得凝重起来。

马诚轻声问道："先生，鹤林寺出什么事了？"

周敦颐目光发直，没有吭声。蒲氏心细，问道："官人，是不是与母亲的墓地有关？"

周敦颐这才点了点头，缓缓说道："方丈在信中说，前几日大雨，山洪爆发。因母亲的墓地地势低洼，怕是已被洪水冲了……"

蒲氏听了，心里一慌："这该如何是好？"

周敦颐想了想道："还是迁往庐山为妥。"

马诚忍不住道："此事非同小可，先生病体未愈，恐怕还得从长计议。"

周敦颐捶了捶胸口道："此事不能等，得尽快想办法才是。"

蒲氏柔声道："官人，母亲的墓地迁移不急在一时，还是等官人的病好了再说吧。"

周敦颐道："夫人所言甚是，此事容我再好好想想。"

周敦颐没有再坚持，他也知道蒲氏是因为担心他的病情才这样劝他。但在接下来的日子里，周敦颐总是感觉心里极不踏实。

挨过夏天后，周敦颐以病情为由上书朝廷，请调南康知州，朝廷批准了他的请求。

熙宁四年（1071），周敦颐第四次进入江西，抵达南康。周敦颐之所以请调南康，是因为南康离润州很近，便于母亲墓地的迁移，也为自己的归隐提前做好准备。这一年，周敦颐将母亲从润州移葬至九江德化，也就是濂溪书堂的附近。周敦颐请好友潘兴嗣为母亲撰写墓志铭，刻于墓碑之上。

到了冬天，周敦颐再次上书朝廷请求辞去职务，获准。至此，他三十一年的仕途生涯结束了。

隐归庐山

1

熙宁五年（1072），周敦颐携全家离开官署，回到庐山的濂溪书堂。周敦颐深受江西百姓的爱戴，他辞官后，前来庐山求学和游玩的人闻风而至，他们都是冲着周敦颐来的。莲花峰下，从此多了一个传道讲学的高人，也多了一个"观天地生物气象"的隐士。

"遁去山林，以全吾志"，这是周敦颐早已萌生的心愿，如今心愿达成，自然心旷神怡，病体也大有好转。

这天，马诚陪着周敦颐前往庐山山南的归宗

寺。归宗寺的佛印禅师是周敦颐的老朋友，两人常在一起谈经论道。归宗寺的东侧有一条叫鸾溪的小溪，与山北的濂溪遥相呼应。溪上有座鸾溪桥，桥的两头古松参天、翠竹如盖。周敦颐每次去归宗寺，都要沿着一条幽静的石径上山，经过这座桥之后，归宗寺就没有多远了。

主仆二人快走到鸾溪桥时，只见桥头立着一位身着便袍的中年男子，马诚眼尖，一眼认出那人就是佛印禅师。佛印禅师一只手背在后面，一只手抚着自己的长须，不时仰头望向天空。

"佛印禅师好雅兴。"周敦颐对着佛印施了一礼。

佛印转过身来，双手合十道："周施主来啦，佛印已在此静候多时。"

马诚甚是疑惑，问道："佛印禅师怎知我家先生此时会来？"

佛印答道："不过是随心而知，随心而动。"

周敦颐微微一笑道："周某今日前来，特来请教禅师。《中庸》有云：'天命之谓性，率性之谓道。'周某想问大师，佛门何谓'无心即道'？"

周敦颐、马诚去庐山的归宗寺见佛印禅师。

佛印道:"疑者别参。"

周敦颐又道:"参者定当不疑。"

佛印指着桥头的一棵古松:"满目青松一任看。"

周敦颐想了想,佛印所言与当年自己教二程时所言"与自家意思一般"甚为相通,不禁点了点头道:"多谢禅师。周某忽得一诗,赠予禅师:

昔本不迷今不语,心融境会豁幽潜。

草深窗外松当道,尽日今人看不厌。

佛印听后连称"好诗"。三人遂上归宗寺饮茶,聊至日落,才散去。

在回程的路上,马诚迫不及待地问道:"先生今日与佛印禅师所言,我可是一句也没听懂。"

周敦颐反问道:"天地有心吗?"

马诚答道:"无心。"

周敦颐道:"天地无心,却自成大道。"

马诚"哦"了一声,像是突然明白过来:"先生所问的'无心即道',原来指的是天地之道。"

马诚见周敦颐没有及时回应，又问道："佛印禅师所言的'随心而知，随心而动'又作何解？"

周敦颐答道："有心之无心也。人皆有心，人亦有道，是谓人道。若人道与天道合，当修有心为无心。"

马诚这下终于明白了，心里一高兴，连脚步也变得轻盈了许多。

周敦颐回到濂溪书堂后，诗兴不减，挥笔写下《题濂溪书堂诗》，他叫马诚装裱好后，挂在书堂的墙上。马诚一边装裱，一边在心里默念。

当念到"饱暖大富贵，康宁无价金。吾乐盖亦足，名'濂'朝暮箴"时，往事涌上心头。马诚跟随周敦颐这么多年，他知道周敦颐淡泊名利，既不求官场显达，也不恋富贵荣华，只是对大自然情有独钟。一个人至真至诚若此，怎不叫人叹服。

2

在成都任上的赵抃得知周敦颐已辞官回到庐山，觉得甚是可惜。想到朝廷正是用人之际，再次上书举荐。

濂溪书堂前，周寿、周焘栽种的小松树已与他们一般高了。自立夏以来，周敦颐偶尔会感到身体有所不适，但他并没有放在心上，跟往常一样，热衷于讲学、访友、问道，寄情山水。

一天下午，马诚陪周敦颐从莲花峰上下来。走到濂溪边时，周敦颐打了一个趔趄，若不是马诚及时挽扶，差点就跌倒在地。马诚以为先生只是爬山爬累了，便让他坐在溪边的一棵大树下歇息。周敦颐刚坐下不久，就感觉胸口像被什么堵住了，十分难受。马诚见周敦颐脸色苍白，额头上直冒冷汗，不像是劳累所致，便问道："先生是不是病了？"周敦颐正要开口应答，突然对着濂溪喷出一口鲜血。

惊慌失措的马诚将周敦颐背回书堂，周敦颐已昏迷不醒。马诚快马加鞭，连夜赶往豫章去找潘兴嗣。潘兴嗣请来江西最好的医生为周敦颐诊治。

医生摇了摇头："周先生患有旧疾，因多年来未曾根治，阴邪之气入骨，而阳气损耗殆尽，以致诸病并发，恕在下无能为力。"

医生话音刚落，蒲氏已哭成泪人，守在一旁的周寿和周焘也已泣不成声。

马诚"扑通"一声跪倒在医师跟前，说："医师，我求求您，一定要想办法救救我家先生！"

医生重重地叹了一口气："不是在下不救，实在是想不出别的办法……依在下看，还是为先生准备好后事吧。"

熙宁六年（1073）六月七日，周敦颐病逝于九江，享年五十七岁。就在周敦颐去世的第三天，周氏兄弟接到了朝廷任命周敦颐的文书。

十一月二十一日，长子周寿遵照父亲的遗命，将他葬于郑氏墓地的左侧。下葬当日，细雨霏霏，如诉如泣。送葬的队伍中，除了周敦颐生前的亲朋好友，还有江西及其他州县的众学子和百姓，他们冒雨赶来，只为送周敦颐最后一程。

　　庐山伸出双臂，将一代宗师的英灵永久地揽在怀中。濂溪书堂则一如往常，细数山中日月。周敦颐生前无数次用脚步丈量过的莲花峰下，山风在翻动树叶，一只孤雁飞过天空，发出一声长唳。濂溪日夜不息地流淌，宛若吟唱的溪水声清亮而又悠远……

周敦颐
生平简表

● ◎ 真宗天禧元年 (1017)

五月初五，周敦颐出生于道州营道楼田村。

● ◎ 真宗天禧五年 (1021)

周敦颐辨五星墩，分配五行。

● ◎ 天圣九年 (1031)

周敦颐的父亲周辅成去世。舅父郑向命卢敦文将郑氏母子接
到京师。

●◎景祐三年（1036）

郑向将朝廷封荫子嗣的机会给了周敦颐，被录用为试用将作监主簿。周敦颐行冠礼后，娶陆氏（职方郎中陆参之女）为妻。

●◎景祐四年（1037）

七月十六日，周母郑氏病逝。周敦颐遵遗命葬母于润州郑向之墓侧。

与范仲淹、胡宿共游鹤林寺。十六岁的王安石前来拜访。

●◎庆历元年（1041）

分宁县有桩多年未破的刑事案件，经周敦颐审讯后，当场告破。摄袁州卢溪镇市征局，袁州的进士争相前来公斋讲学。

●◎庆历四年（1044）

周敦颐任南安军司理参军。

●◎庆历五年（1045）

南安狱有个囚犯，法不当死。周敦颐欲改判。转运使王逵被周敦颐感化，死囚得以改判。

●◎庆历六年（1046）

收程颢、程颐为徒。经王逵举荐，移任郴州郴县县令。首修县学，有《修学记》。

●◎庆历八年（1048）

知州事职方员外郎李初平敬佩周敦颐的才学，从不把他当下属看。

●◎皇祐二年（1050）

任郴州桂阳县令。

●◎至和元年（1054）

改任大理寺丞，知洪州南昌县。南昌人听闻后奔走相告。

● ◎ 嘉祐元年（1056）

以太子中舍签书署合州判官事。与友人游龙昌洞，十一月
至合州。

● ◎ 嘉祐二年（1057）

周敦颐致书傅耆。是岁转殿中丞，赐五品服，仍判合州。长
子周寿出生。

● ◎ 嘉祐四年（1059）

左丞蒲宗孟从蜀江到合州，见到周敦颐后叹曰："世有斯人
欤！"得知周敦颐丧妻后，以其妹相许。

● ◎ 嘉祐五年（1060）

六月九日，周敦颐解职东归。

● ◎ 嘉祐六年（1061）

周敦颐以国子监博士通判虔州，与时任虔州的太守赵抃成为

知己。

● ◎ 嘉祐七年（1062）

────────────────────

周敦颐的次子周焘出生。

● ◎ 嘉祐八年（1063）

────────────────────

五月周敦颐作《爱莲说》。

● ◎ 治平二年（1065）

────────────────────

周敦颐定居九江。

● ◎ 熙宁元年（1068）

────────────────────

经赵抃和吕公著举荐，周敦颐被擢升为广南东路转运判官。

● ◎ 熙宁三年（1070）

────────────────────

周敦颐被擢升为提点广南东路提点刑狱。

●◎熙宁五年（1072）

周敦颐归隐庐山，居濂溪书堂，授学、访友、问道。

●◎熙宁六年（1073）

六月七日，周敦颐病逝。